イチローの功と罪

野村克也

宝島社新書

はじめに

２０１９年４月30日に「平成」が終わりを告げ、５月１日から新元号「令和」がスタートした。19年は七度目の年男で、私は６月29日に84歳を迎えた。退位された上皇陛下は私よりも２歳上。上皇后美智子様も１歳上になる。

平成の終わりとともに、野球界にも大きな変化があった。メジャーリーグのシアトル・マリナーズでプレーしていたイチローが、東京ドームで開催された３月20、21日のアスレチックスとの開幕２連戦を最後に引退。メジャーリーグ19年、日本のオリックスでのプレーと合わせると、28年間の現役生活にピリオドを打った。

昭和の野球界を牽引してきたのは、王貞治と長嶋茂雄の「ＯＮ」であることは誰もが認めるところだろう。では平成は誰だったかというと、巨人やヤンキースなどでプレーした松井秀喜と、イチローだったのではないだろうか。そのイチローも年齢には勝てず、新元号でプレーすることなく、くしくも私が１９８０年に西武で現役引退したのと同じ45歳で一線を退いた。

平成のプロ野球で大きく変わったことは、メジャーリーグへの選手流出だ。95（平成7）年に野茂英雄がドジャースで新人王になり成功を収めると、2001（平成13）年にイチローが打者として日本人で初めて挑戦し、いきなりMVPと新人王を獲得。これを機に03年に巨人の主砲だった松井秀喜までヤンキースに移籍するなど、あとを追う選手が次々出てきた。野茂以降、日本人メジャーリーガーは、19年のマリナーズ・菊池雄星まで57人も誕生したそうだ。

私は「みんなメジャーに行ってしまったら、日本のプロ野球はどうなってしまうんだ」と再三警鐘を鳴らしてきたが、今や高校生までメジャーリーグを夢見ており、歯止めが利かない状況だ。

イチローは引退から約1カ月経った4月30日に、マリナーズの会長付特別補佐兼インストラクターに就任。マリナーズが遠征中には3Aのタコマへも顔を出し、打撃、守備、走塁といったすべての面で選手の指導を行うという。練習中は打撃投手を務め、肩書きこそ違うものの、コーチのようなことをやっている。そのままシアトルに拠点を置くようで、しばらく日本に戻ってくるつもりはなさそうだ。

ハッキリ言って私は、イチローのファンにはなれない。好きなタイプの選手ではないからだ。ちょっとした態度や仕草も、「俺は他の人とは違う」と人を見下しているように見える。

私は「野球選手は引退してからの人生のほうが長い」と将来を見据えて、ミーティングで人間学や社会学を応用した選手の教育に力を入れてきた。まだ40代半ばのイチローは、これからどんな人生を歩んでいくのだろうか。むしろ大変なのは、現役を引退したこれからで、どういう人生を歩んでいくかで価値が決まる。

本書では、球史に残るイチローという野球選手を、王、長嶋だけでなく、これまでの大物選手、そして私とも比較しながら検証していきたい。

イチローがメジャーリーグに移籍したことの功罪とは。そして、次世代のプロ野球に何を与えていくことができるのか――。さまざまな角度から論じていきたいと思う。

野村克也

目次

第2章　イチローがプロ野球界に与えた功と罪 53

第7章 記憶に残る日本人メジャーリーガーたち

第1章　イチローの電撃引退に思うこと

イチローでも時代と年齢には勝てなかった

あのイチローが引退した。

東京ドームで3月20、21日に開催されたマリナーズとアスレチックスの開幕2連戦の試合後に、現役引退を表明。試合は延長12回までもつれ、夜11時すぎと遅い時間になっていたにもかかわらず、スタンドにはイチローの最後の姿を見るために、多くのファンが待っていた。その中、三塁ベンチからグラウンドに出て、手を振りながらレフト、ライト、一塁側と回り、グラウンドを一周し別れを告げた。

こんな引退セレモニーを行える野球選手は、ほんのひと握りだけだから、イチローは恵まれている。巨人の長嶋茂雄は盛大な引退試合を行ったが、私や巨人の王貞治はやっていない。ファン感謝デーであいさつしただけだ。

イチローは会見で「今日のあの球場の出来事。あんなものを見せられたら、後悔などあろうはずがありません」と晴れ晴れとした表情だったが、私の思いは複雑だった。

「まだできるのに」

「何で引退するんだろう?」

これが正直な気持ちで、「お疲れ様」という言葉よりも先に浮かんだ。

マーリンズ時代の43歳の時から、メジャーリーグ最年長野手だったそうで、若い選手が多い発展途上のチームで奮闘していたが、2019年はオープン戦から結果を残すことができなかった。

イチローは間違いなく天才だ。メジャーリーグでもその実力をいかんなく発揮し、日本プロ野球のイメージを大きく上げてくれた。年間200安打、打率3割、オールスター出場、ゴールドグラブ賞はすべて10年連続。04年には年間最多の262安打を打ち、84年ぶりに記録を更新した。

史上2人目のMVP&新人王。オールスターMVP&史上初のランニングホームラン。首位打者2回に盗塁王1回と輝かしい成績を残し、将来の野球殿堂入りは確実視されている。

長い日本プロ野球の歴史上、走攻守すべて一流なのは、イチローだけといっていい。メジャーリーグでも走攻守すべてで一流だと認められた。

しかし、人間が絶対勝てないものに、時代と年齢がある。あのイチローでも歳には勝てなかった。世の中の原理、原則で時代と年齢の壁に阻まれ、引退を余儀なくされた。改めて、それには絶対に勝てないものだと思い知らされることになった。

私は50歳までプレーしたいと考えていたが、野球は団体競技で、チームとして戦っている。続けたいと言えば続けられたのだろうが、いつまでもプレーしていると、チームに迷惑がかかってしまう。

私も現役引退時、監督時と二度も年齢の壁に阻まれた。09年、楽天監督で73歳の時に球団幹部から「監督ももう73ですからねぇ」と高齢を理由に解任された。「それがどうした。70でも元気な人もいれば、若くても衰えている人もいる」と反発したが、当時40代の球団幹部には理解できなかったようで、球団史上初の2位となり、クライマックスシリーズに出場させたのに解任されてしまった。

メジャーリーグのマーリンズで11年のシーズン途中に80歳で監督代行に就いたジャック・マッキオンは、「80なんてただの数字にすぎない。95歳までやれる」と豪語していたが、その年限りで解任となっている。

年齢で判断するのは日本人の悪いクセだと思っていたが、イチローの引退を見ていると、アメリカも同じのようだ。

日本球界に恩返しをしてほしかった

イチローは「最低でも50歳までプレーしたい」と公言していたが、45歳で引退してしまった。

引退会見で「最低50歳までって本当に思っていたし、それは叶わずで、有言不実行な男になってしまったわけですし。その表現をしてこなかったら、ここまでできなかったかもなという思いもあります。だから、言葉にすること。難しいかもしれないけど、言葉にして表現することというのは、目標に近づく1つの方法ではないかなと思います」と納得した様子だった。

しかし、私の目には、まだまだプレーできるように見えた。50歳までは難しかったかもしれないが、あと1、2年は十分できたはずだ。

スロースターターを自認しているのなら、マイナーや独立リーグなどで打撃の調子を上げ、メジャーリーグ復帰という道もあった。あらゆる可能性があったのに、イチローは現役を退く決断をした。

私は「ボロボロになるまでやる。12球団契約をしてくれるところがなくなったところが、引退の時期」と現役にこだわった。

余力を残して、惜しまれながら引退する選手と、ボロボロになるまでこだわる選手。2つに分かれるが、私のように二軍から這い上がった選手ほど、後者の傾向が強い。

38歳で引退した巨人の長嶋茂雄は六大学のスターとして入団し、40歳で引退した巨人の王貞治も甲子園優勝投手。38歳で引退した松井秀喜も甲子園を沸かせ、鳴り物入りでプロに入団しているが、レイズを戦力外となると、日本に帰ってくることなく、スパッと引退している。

イチローは引退理由の1つとして「マリナーズ以外には行く気持ちがなかったことは大きい」と明かしていたように、チームへの愛着が上回ったのだろう。イチローは12年途中にマリナーズからヤンキースに移籍し、マーリンズを経て、長年プレーしたマリナーズのユニフォームを最後に一線から退いた。

しかし、外野手で、脚力や守備、肩は衰えていない。あれだけの足があれば、十分使える。打撃の衰えは、配球の読みや技術でカバーできたはずだ。

イチローは3Aでプレーしたことがないそうだ。マイナーリーグやアメリカの独立リーグ、メキシカンリーグなどでプレーを続けることもできたはずだが、それはプライドが許さなかったのだろう。

メジャーリーグは難しかったのかもしれないが、日本でプレーするつもりはサラサラなかったのだろうか？ 日本ならイチローをほしいチームは、いくつもあったはずだ。

古巣のオリックスはイチローの代名詞ともいえる背番号「51」を空け続け、オフには神戸の室内練習場を貸し、親会社のCMにも出演させている。

オリックスの宮内義彦オーナーは直接復帰要請をすることはなかったそうだが、イチローには戻ってきてほしいという思いは伝わっていたはずである。それでも日本に帰ってくることなく、メジャーリーガーのまま引退という道を選んだ。日本でのプレーはマイナーリーグと同じだと考えていたのかもしれない。

もともとイチローは、ポスティングシステムでメジャーリーグに移籍している。もしもオリックスが認めなければFA権を取得するまで待たなければいけなかった。オリックスは見返りに、約14億円の譲渡金を手に入れているが、唯一のスター選手であるイチローがいなくなれば、人気は下がり観客動員が大幅に減るばかりか、間違いなくチームの成績は下がる。それを承知でオリックスはイチローをメジャーリーグに送り出した。

実際にイチローがいなくなったオリックスは、01年は4位だったが、02年から3年連続最下位。1996年の日本一を最後に、12球団最長となる22年間も優勝から遠ざかっている。

そこまで世話になった球団に恩返しをしようという気は起こらなかったのだろうか？　そういう恩知らずなところが残念であるし、私は好きになれない。

イチローがあそこまでの選手になれたのは、オリックスがドラフト指名し、育てたからこそ。「おかげさまで」という感謝の気持ちを持ち、恩返しをしてほしかった。

メジャーリーグで10年以上プレーすれば、年金は62歳から年間21万ドル（約2300万円）が毎年支払われる。

日本は年俸5億円ももらえる選手はなかなかいないが、メジャーリーグでは10億円、20億円の選手がゴロゴロいる。放送権料でどの球団も潤っていると聞くが、どうやったらそんなに儲かるんだろうと思う。私は日本で27年もプレーをしたが、全然金など持っていない。基本的に衣食住に困らなければいい。家はあるし、食べるのに困らなければいい。

またイチローは、2007年にマリナーズと5年契約を結んだ際に、総額9000万ドル（約110億円）のうち、3000万ドルは13年以降に分割で受け取る契約になっているそうだ。お金もたくさん溜まって、もう十分と思ってしまったのだろうか。

引退につながる反射神経の衰え

私も「50歳まで現役でプレーをしたい」と考えていたが、45歳のシーズンで引退した。

19年のイチローはオープン戦で24打席連続無安打。メジャー開幕2連戦の6打席連続を含むと、30打席連続無安打で、あれだけ打っていたヒットを打つことができず、現役生活を終えた。

引退会見で「やっぱり1本ヒットを打ちたかったし（ファンの期待に）応えたいって当然ですよね」と無念の表情を浮かべていた。

40歳をすぎてからは、1年1年がもの凄く重要になる。衰えと戦っていかなければならない。

私は衰えを38歳ぐらいで感じるようになっていた。南海時代の1973年、打率3割9厘、28本塁打、96打点で、選手兼任監督としてリーグ優勝しているが、前年の35本塁打、101打点を下回り、以降は30本塁打、100打点をマークすることはできなかった。

若い頃なら打った時の感覚で「本塁打だ」と手応えのある打球が、フェンス際で失速するようになった。40歳前になってくると、あらゆる感覚がおかしくなってきていた。

そして、内角球を打つのが苦しくなって「ボチボチ引退かな」と意識したものだ。内角球を打つには、体を素早く回転させる必要があるが、歳をとるとそれが鈍くなる。しかし、相手は私の感覚などわからないので、45歳まで何とかごまかしてプレーを続けてきた。

イチローはマリナーズで10年連続200安打、打率3割を打っていたが、それが途切れたのが2011年。37歳の時だ。それでも184安打を打っている。

ヤンキース時代の13年頃から、速い球に振り遅れ、ボール球にも手を出すようになったと指摘されはじめてきた。イチローも38歳前後に大きな転機が訪れている。

イチローは以前から目が悪く、視力は0・4だそうだ。ところがコンタクトレンズやメガネを使わず、ボールを点や線ではなく、立体的に捉えているのだという。私は40歳ぐらいになっても両目とも視力は1・5。それでも衰えは隠しきれなくなっていた。

打撃は反射神経がモノをいう。特に内角を打つ時は重要になる。0コンマ何秒でも体の回転が遅くなると、ボールを捉えることができない。反射神経が鈍ってくる。もちろん原因は〝歳〟だ。体がついていかなくなる。

イチローは一塁まで走るスピードや、外野からホームへの送球が若い頃と変わっていないので、衰えていないといわれてきたが、それは目に見える部分。目に見えない反射神経は衰えていたはずで、それは自分でもわかっていたと思う。

プロスポーツで一番難しいのはバッティング

メジャーリーグで最後の4割打者となっているテッド・ウィリアムズが「あらゆるプロスポーツの中で、一番難しいのがバッティングだ」と本に記していた。私も同感だ。

ウィリアムズはレッドソックス時代の1941年に打率4割6厘をマーク。78年も前のことだ。日本では86年に阪神のバースが打った3割8分9厘が記録。イチローでもオリックス時代の2000年の3割8分7厘が最高で、4割を打った選手は1人もいない。

打撃の神様と崇められた巨人の川上哲治さんでも1951年の3割7分7厘。これが日本の歴代8位で、やはり3割8分ぐらいまでが限界ということだろう。

そもそもイチローが初めに注目されたのは、210安打を打った94年の6月25日に打率4割を超えた時だった。オールスター前の7月9日、69試合目まで4割を打ち、2000年にはオールスター後の7月30日、74試合目まで4割を維持し、人気は上がっていった。

00年のイチローは開幕から4番を打ち、105試合目の8月27日に右脇腹を痛め、3割8分7厘でシーズンを終えているが、最後まで出場したら4割打者が誕生していたかもしれない。

野球の打撃は3割を打てば一流というスポーツだ。10回のうち7回は失敗する。つまり、それぐらい難しい。他にこんな世界はあるだろうか? 一般企業で成功率が3割だったら、間違いなく会社は潰れてしまうはずだ。

イチローは日米通算4000安打の会見で、「4000安打には、僕の場合、8000回以上悔しい思いをしている。その悔しさと常に向き合ってきた事実は誇れると思いますね」「これからもいっぱい失敗を重ねて、たまに上手くいっての繰り返しと思います」と話していた。

「失敗と書いて成長と読む」。人間の常で、なぜ失敗したのかは考えるが、なぜ成功したのかは真剣に考えない。考えたとしても、そこまで深くは追及しない。打てなかった悔しさのほうが忘れられず、練習にも身が入るものだ。

野球は失敗を、他の選手が取り返す。イチローの８０００回の失敗を他の選手が補う。それが野球の面白いところで、難しいところだ。

ヤマを張るしかなかった私の現役時代

イチローの打撃には「穴」がない。どんな強打者でも弱点・欠点・特徴を持っているものだ。

・内角に弱い
・ボールになる外角の変化球に手を出す
・速い球が打てない、などなど。

ところがイチローは基本的にどんな球でも打ち返してしまう。オリックス時代には、ワンバウンドした球をヒットにしたこともあった。

打者の共通したテーマが、変化球への対応だ。真っ直ぐを待っていて、変化球にもついていき打ち返せれば何の苦労もいらないが、そんなことをできるのは天才しかいない。野球選手の中でも、ほんのひと握りだけだ。

それを苦もなくできてしまう。天才が努力をするから、私のような凡人は手の届かないところにいってしまう。これは巨人の長嶋茂雄も同じだ。

1996年に神戸で行われたオリックスとのオープン戦でのこと。私はウォーミングアップ前のヤクルトの選手に、「イチローのフリー打撃を見て勉強しろ」と言ったことがあった。

しかし、イチローの打撃練習を見て何かを盗むのは難しい。独特の打ち方で、天才だから、凡人の参考にはならない。

イチローはメジャーリーグでも10年連続で年間200安打という前人未踏の成績を残してきたが、好成績を続けるのは大変なことだ。

一流になればなるほど相手に研究され、マークの度合いが強くなる。初めはある程度打てても、対戦がひと回りすれば、相手は攻略法を練ってくるものだ。今まではマークされていなかったが、打つことで相手に覚えられる。マークの壁を打ち破ってこそ一人前になることができる。

私は4年目の57年に30発で初の本塁打王を獲得。ところが58、59年はいずれも21本止まり。三振を量産した。先輩から「おい野村。殴ったほうは忘れていても、殴られたほうは覚えているものだぞ」と言われたが、まさにその通り。こちらが本塁打を打って喜んでいる一方で、打たれた投手は「次は絶対抑えてやる」と必死になって攻略法を練っている。

一軍に上がりたての3年目のこと。私の住んでいた南海の中百舌鳥《なかもず》の寮に、見知らぬ人から論文の束が届いた。そこに書かれていたのは「テッド・ウィリアムズの打撃論」。原書を翻訳して送って下さったのだ。

その時はピンとこなかったが、数年後にレギュラーに定着し、カーブが打てなくて苦しんでいた時に読み返すと、私の野球人生に大きな影響を与えることが記されていた。

「投手は投球動作に入った時に、100％投げる球種を決めている。その時に小さな変化が生じる」

変化とは何か。考えた末に出た結論は、投球のクセだった。

技術力には限界がある。そこから先がプロの世界だ。一流の人はみんなそうやってきた。それまで私は真っ直ぐにタイミングを合わせて、変化球に対応するという理想型でやっていたが、それではとても打てないと考え、データなんて言葉もなかった時代に、査定担当の人に頼んで相手が自分にどういう攻め方をしているのか、傾向を調べてもらった。

打撃は難しくて、人によってアプローチが違う。コースにヤマを張る、球種を絞る。カウント、投手のタイプによって変えていくという、さまざまなタイプがいる。打撃は敵を知り、己を知ること。それがわかれば、相手の攻め方が変わっても、対応できる。変化球への対応が1つのテーマ。ストレートを狙って変化球も打てるという理想型ではとても打てない。

野球選手は機械に頼るわけにはいかない。他人に助けてもらえない。自分でやるしかない。

私は長嶋茂雄みたいに運動神経が発達しているわけではない。不器用な選手がどうしたらいいかを考え、配球を読むことを実行した。つまりヤマを張った。

ヤマを張るというのは恥ずかしいとされていたが、そうでもしないと打てない。ヤマを張って三振すると、鶴岡一人監督に「ヤマなんか張りやがって」と怒られたが、ヤマが当たり本塁打になると何も言われない。そういうところに矛盾を感じたが、プロは結果がすべての世界。打てば文句ないということがわかってきて、開き直ってヤマを張った。イチローのようには打てないから、そうするしかなかったのだ。

振り子打法は理に適《かな》っていない

イチローは独特の「振り子打法」でレギュラーをつかみ、有名になった。打撃で大事なのは、軸足に体重を残し、タメを作れるかどうかだ。

私がプロに入った頃は、先輩によく「タメができれば金が貯まる」とダジャレを言われたものだが、それぐらい打者にとってスイングでタメを作ることは重要になる。

みんないかにしてタメを作るかに苦労する。左打ちのイチローの場合は、左足が軸足になるが、タメを作るために考えたのが、あの振り子打法だった。

しかし、この振り子打法を真似したのは、私が阪神監督の時に阪神でプレーしていた坪井智哉ぐらいしかいない。ヤクルトの古田敦也もキャンプやオープン戦で試していたことがあったが、すぐにやめてしまった。よかったら、みんなが振り子打法をやっているはず。誰も真似をしないということは、やはり理に適っていないということなのだろう。

変わった打ち方といえば、王貞治の一本足打法も挙げられる。振り子打法は、大きく分類すれば一本足打法になる。

早実高から巨人に入った新人の頃、まだ二本足で打っていた王とオープン戦で対戦したことがあるが、内角が弱く、全部詰まっていた。そこで内角を捌《さば》くために、一本足打法を取り入れたのだと思う。

足を上げたほうが、内角球は打ちやすくなる。内角は体が回転することが基本になるが、体を回転しないで、そのまま打ってしまったら詰まってしまう。王に一本足打法を指導し、師匠として有名な荒川博さんも、現役時代は足を上げて打っていた。荒川さんは、自分の打ち方を王に伝授したわけだ。

王の一本足打法を真似していたのが、南海の片平晋作だった。同じ左投げ左打ちの一塁手で、王に対する憧れは凄かったが、格好は王でも中身は全然違った。

〝学ぶ〟は〝真似る〟だから悪いことではないが、片平は真似をする相手が悪かった。あの一本足打法は王だから成功したもので、何度か「王の真似なんかするな」とアドバイスしたが、王の言うことなら聞くのに、監督である私の言うことは全然聞かないのには参った。

プラス自分流がなければ自分のものにならない。王に負けないぐらいの本塁打を打つならわかるが、へぼバッターが王の真似をしただけで打てるわけがなく、結局ただのモノマネで終わってしまった。

私も初めは中西太さん（元西鉄ライオンズ＝現西武）の真似をしたが合わず、山内一弘さん（元毎日オリオンズ＝現ロッテなど）の真似をすると打てるようになった。もちろん、山内さんの打法に自分流を加えて、打撃フォームを確立していった。

好きだから、ではダメだ。自分に合うか合わないか。合わなかったら別のものに変えればいい。そこをしっかり見極めなければいけない。

タメを作るという点に関しては、理に適っているのだろうが、自分に合っているかどうかは別問題だ。好きだからといって、真似をしただけで打てるほど甘くはない。

イチローはメジャーリーグに移籍する前年の２０００年、オリックス最後の年に振り子打法をやめてしまった。１９９９年にマリナーズのキャンプに参加した経験から、球に力があるメジャーの投手にはあの打ち方では球威に押されてしまい、力負けして前に飛ばないと判断し、メジャー移籍を見据えてメジャー用の打撃フォームに変えたのだろう。

なぜか当たりが多いドラフト4位

イチローがオリックスに入団したのは、上位指名ではなく、91年のドラフト4位。契約金は4000万円、年俸は430万円だった。

やはり野球は投手だ。どこのチームも、ドラフトでいい投手を補強したいので、上位指名は投手が多い。

ドラフトで高校生の外野手を上位指名するのは難しく、仕方ないかもしれないが、どこのチームも獲得のチャンスはあったということだ。

ドラフト4位というのは意外と大成した打者が多い。特にこの年のドラフト4位は近鉄が中村紀洋。当時は2位以下もウエーバー制ではなく、指名が重複の場合はくじ引きだったが、阪神は、ダイエーと三井浩二（入団拒否し9年後に西武入団）の競合となり、抽選を外し桧山進次郎を指名。広島は横浜大洋（現DeNA）との抽選で右腕の斉藤肇（現DeNAスコアラー）を外し、あの金本知憲を獲っている。

私が監督だったヤクルトは1位が石井一久で、4位は津川力だった。右打ちの外野手だった津川は8年間プレーし、97年に一軍に昇格も出場は1試合だけ。ほとんど二軍暮らしだったが、引退後は審判になり、日本シリーズで球審も務めている。もっとも昔の恨みを晴らされたのか、楽天監督時代は津川が球審の試合はまったく勝てなかった。

平成以降の4位では広島の前田智徳（89年）、横浜大洋の鈴木尚典（90年）、西武の和田一浩（96年）、阪神の坪井智哉（97年）、ダイエー（現ソフトバンク）の川﨑宗則（99年）、西武の栗山巧（2001年）、ヤクルトの青木宣親（03年）など、好打者が多い。こういった選手を発掘したスカウトに、球団はボーナスをあげたほうがいい。

私が阪神監督時代のドラフトは失敗続きだったが、00年の4位で赤星憲広を獲っている。

社会人野球・JR東日本の赤星は、その年のシドニー五輪に出場し、阪神のキャンプに参加したが、チームで一番の高波文一（現ソフトバンクのリハビリ担当）よりも足が速かったので、印象に残っていた。スカウトからは「練習で打撃ケージから打球が出ない。足だけですよ」と大反対されたが、当時の阪神で足の速い選手は、その高波しかいないという珍しいチームだった。

ポジション	経歴、現在
内野手	奈良で整骨院経営（柔道整復師）
内野手	阪神一軍内野守備走塁コーチ
投手	広島で整体院経営
外野手	朝日放送解説者
投手	パドレス・アドバイザー
内野手	DeNA一軍内野守備走塁コーチ
投手	元DeNA二軍投手コーチ、現DeNAスコアラー
投手	DeNAスコアラー
投手	DeNA一軍投手コーチ
投手	元四国・九州IL・長崎コーチ、現大阪で飲食店経営
投手	楽天GM
外野手	プロ野球審判員
内野手	元楽天スカウトで田中将大を担当、現札幌で野球塾の講師
投手	元ロッテ一軍投手コーチ、現韓国サムスン投手コーチ
投手	東海大菅生高監督
外野手	元常葉菊川高監督で夏の甲子園準優勝、現浜松開誠館高監督
外野手	元広島一軍打撃コーチ、現三菱重工広島監督
外野手	前阪神一軍監督、現解説者
投手	元オリックス投手コーチ
投手	元巨人二軍投手コーチ、現ジャイアンツアカデミー・コーチ
投手	元ソフトバンク取締役、現江戸川大学教授
投手	ソフトバンク二軍投手コーチ
内野手	RKB毎日放送解説者
投手	JSPORTS MLB解説者
内野手	元ソフトバンク二軍内野守備走塁コーチ、現日本ハム・スカウト
投手	ヤクルト一軍投手コーチ
投手	DeNA一軍外野守備走塁コーチ
内野手	前阪神一軍ヘッドコーチ、現関西テレビ解説者
内野手	オリックス一軍野手総合兼打撃コーチ
投手	マリナーズ会長付特別補佐兼インストラクター
投手	ソフトバンク一軍投手コーチ
投手	浜松開誠館高非常勤コーチ
投手	西武スカウト
投手	元日本ハム一軍投手コーチ、現北海道放送解説者

（2019年6月20日現在）

表1：1991年のドラフトでの主な指名選手

球団	指名順位	選手名	出身校など
阪神	1	萩原 誠	大阪桐蔭高
	2	久慈照嘉	日本石油
	3	弓長起浩	熊谷組
	4	桧山進次郎	東洋大
横浜大洋	1	斎藤 隆	東北福祉大
	2	永池恭男	福岡工業大附属高
	3	有働克也	大阪経済大
	4	斉藤 肇	静岡・星陵高
	6	三浦大輔	高田商高
巨人	1	谷口功一	天理高
ヤクルト	1	石井一久	東京学館浦安高
	4	津川 力	明徳義塾高
	5	高梨利洋	札幌第一高
中日	1	落合英二	日本大
	4	若林弘泰	日立製作所
	6	佐野 心	いすゞ自動車
広島	1	町田公二郎	専修大
	4	金本知憲	東北福祉大
ロッテ	1	吉田篤史	ヤマハ
	2	河本育之	新日鉄光
	8	小林 至	東京大
ダイエー	1	若田部健一	駒澤大
	3	浜名千広	東北福祉大
	4	三井浩二	足寄高（拒否→新日本製鉄室蘭へ）
	7	林 孝哉	箕島高
	10	田畑一也	元北陸銀行
日本ハム	1	上田佳範	松商学園高
	2	片岡篤史	同志社大
オリックス	1	田口 壮	関西学院大
	4	**鈴木一朗**	愛工大名電高
近鉄	1	高村 祐	法政大
	4	中村紀洋	渋谷高
西武	1	竹下 潤	駒澤大
	2	新谷 博	日本生命

＊選手名、ポジションはドラフト指名時のもの

そこで私が「一打サヨナラの場面の代走で使うから獲ってくれ」と強引に指名させると、打撃も伸びた。代走どころか、1年目からFAでメッツに移籍した新庄剛志が抜けたセンターのレギュラーに定着し、打率・292で39盗塁。巨人の阿部慎之助を抑えて、新人王を獲得してしまった。赤星は足が速ければ何とでもなるという代表例といえる。

3位までで狙った選手の指名を終えると、そこからはある程度思い切った指名をすることができる。

そこで赤星のように、一芸に秀でた選手、将来性のある選手を指名する。ドラフト下位こそ、スカウトの腕が試されることになる。

イチローの素振りは独特な感性によるもの

イチローは素振りも独特だ。アッパースイングで、バットを下から上に振り上げるようにして素振りしているが、これは打席でのスイングとはまったく違う。

打者は最後まで投手に胸のマークを見せないようにしなければいけない。体が開くとバットに力が伝わらないからだ。しかし人間は楽をしたい生き物。体が開いたほうが楽にスイングできるので、ついつい開きそうになってしまうが、それでは打てない。

体が開くとグリップが先に出て、バットも一緒に出てしまうので我慢しなければいけない。そこでイチローは、グリップをできるだけ後ろに残しておくために、アッパースイングの素振りをしているそうだ。

もっとも、振り子打法と同じで、この素振りも真似をしている選手は見たことがない。やはりイチローにしかわからない、独特の感性からあの素振りをしているのだろう。

巨人の王貞治の素振りは上から下に振り下ろしていたが、これも実際のスイングとはまったく違った。王の素振りを見て多くの少年ファンが真似をしたものだが、あれはアッパースイングを修正するために、極端なダウンスイングで素振りしていると聞いた。

私の素振りはいつも、ローボールを想定して振っていた。低めを打つ時は足腰を使うので、低めを意識していた。その素振りをやっていれば、高めはいつでも振れる。そういう狙いがあった。

私の素振りは〝川上理論〟。打撃の神様と称された巨人の川上哲治さんが、ローボールばかりを想定して素振りしていたのを見て、それを真似した。

川上さんに直接話を聞いたことはないが、「なぜ、あんな低めを想定して素振りをするんだろう」と自分なりに考えて、足腰を使うのが狙いではないかと解釈した。

素振りでも、苦手なコースや球種、打てなかった球を想定する。打撃はいかに相手に自分の弱点、欠点を見せないか。それを見せると徹底して攻められる。悪い表現になるが、いかにごまかすかが重要になる。

内角に弱点がある選手でも「狙えば打てる」、「狙っても打てない」という2タイプに分かれる。私は内角が弱かったが、狙えば打てたので、狙っていた。すると相手バッテリーが「野村は内角に強い」と勝手に勘違いして、攻めてこなくなった。

今の選手は素振りをしない。ティー打撃や打撃マシンを相手にした練習ばかりしている。そちらのほうが楽で、楽しいからだ。素振りは地道な作業で面白くない。

長時間やっていると飽きてくるが、素振りは基本中の基本で重要だ。「基礎・基本・応用」があり、基礎作りは大事。バッティングマシンで打っていれば面白いが、地道な素振りはやっていて面白くない。みんな基本・応用ばかりをやって、基礎を抜かしている。

また、ウエートトレーニングで体を大きくすることも影響しているのかもしれない。いくら体を大きくしても、素振りなどで基礎をしっかりしないと、壊れてしまう。

イチローはテレビ番組の密着取材などで、家の部屋で素振りをしている場面がよく流れていたが、あれだけの成績を残した裏では、暇さえあればバットを振っていたのだろう。

左投手を苦にしなかったイチロー

左打者の誰もが苦にするのが左投手だ。投球が肩越しから内角に来そうな気がして、スイングの時に右肩の壁がキープできなくなり、スイングが崩れ左投手を打てない打者が多い。

松井秀喜も、巨人の若手の頃は左投手が打てなかった。１９９３年のオープン戦でヤクルトの左腕・石井一久のカーブを、松井が死球になると思いしゃがみこんだが、その球がストライクゾーンに決まり見逃し三振に倒れた場面は有名だ。それほど左投手を苦手にしていた松井は、猛練習で克服した。

巨人の王貞治はどちらかというと、左投手を苦にしなかった。現役時代に聞いたことがあるが、全部スライダーを待っているイメージで打席に立ち、追い込まれてから真っ直ぐが来たら、コンパクトにバットを出すことを心掛けていると話していた。それによって壁をキープすることができる。壁が崩れて、体が開いてしまったら打てないので、そういう考えで対処していたそうだ。

ところが、イチローは最初から左投手も打ち崩していた。そういうところも天才だ。オリックス時代の打率は、対右投手の３割２分９厘に対し、対左投手は３割７分１厘もあったそうだ。メジャー通算は３割１分１厘だが、対左投手は３割２分９厘と通算よりも高い。

私は右打者だったが、左投手のほうが好きだった。私は外角に逃げて行くカーブやスライダーを投げる投手が苦手だったが、左投手は自分から逃げて行く球がないので、打ちやすかった。

左打者が外に逃げる球のある左投手を苦手にするのはわかる。理屈ならば右打者は逃げる球のある右投手も打てないはずだが、決してそんなことはない。その理由は私もいまだにわからない。

左投手が右投手に比べると少ないので、左打者は対戦する機会があまりない。ただ単純に慣れていないからというのは一理あると思う。

野球は打つと一塁に走らなければいけない。左打者は〝走り打ち〟をする選手がいるが、無意識にスイングの中に走る行為が入っていると思う。これが三塁に走るルールであれば、まったく違うものになるはずだ。

ヤクルトがドラフトでイチローを逃した理由

イチローを最初に見たのはヤクルト時代のオープン戦。まだ鈴木一朗の時代で、登録名をイチローにする前だったが、鮮明に印象に残っている。その時から光っていた。

ところがドラフトの時に愛工大名電高の「鈴木一朗」の名前は、ヤクルトのリストになかった。スカウトに「あんな凄い選手を見落とすなんて、どこを見ていたんだ」と文句を言ったのを覚えている。すると「バッターとして見ていなかった。ピッチャーとして見ていた」と言い訳していた。

確かに高校時代のイチローは投手で、夏の甲子園にも出場している。しかしイチローの高校通算打率は何と5割1厘。本塁打も19本打ち、盗塁は131も決めているそうだ。甲子園で打席にも立っているのだから「どこを見ていたんだ」と言いたくなる。地元の中日は、イチローが活躍したあとに「なぜ指名しなかったんだ」と大問題になったそうだが、当然の話だ。

イチローは何もかもが凄かった。足は速いし、ボールに対する反応、反射神経は抜群だった。なぜこんな選手を見過ごしてしまったのか、理解に苦しむ。

私は新しい選手を見る時に、努力してできないものを持っているかどうかをチェックする。
・速い球を投げられる
・肩が強い
・遠くに飛ばせる
・足が速い

これは天性で、いくら努力しても伸ばせない。そういう選手を獲ってくれば間違いはない。打者が遠くに飛ばすことは、プロの球に対応できないことがある。速い球を投げる投手も、毎日のように試合があるプロでは、球速が落ちることがある。しかし、足の速さにはスランプがなく、プロでも同じような力を発揮できる。

同じような例だと、阪神の糸井嘉男が挙げられる。

糸井は私の故郷・京丹後の隣町、宮津高の出身。近大を経て、日本ハムに2003年のドラフト自由枠で投手として入団している。ところが、01年まで監督だった阪神で、糸井の名前を聞いたことがなかった。

もしも隣町にそんな選手がいると聞けば、ずっと注目して見ていたはずである。

私が楽天の監督になり、日本ハムで打者になっていた糸井があいさつに来て「こんな凄い選手が、うちの田舎にいたなんて知らなかった」と驚いたものだ。

イチローを見ていたヤクルトのスカウトと同じで、阪神のスカウトも糸井を投手としてしか見ていなかったのだろう。突然あんな凄いバッティングができるようになるわけがない。もともと非凡な打撃センスがあったはずだ。

それを見抜くのがスカウトの仕事で腕の見せどころ。打撃に目をつけて、3年目に打者へ転向させた日本ハムの育成能力は、さすがとしか言いようがない。

プロ野球で大切なのは、スカウトの眼力と、育成能力といえる。ところが私が監督を務めた4球団で「どこに着眼点を置いて選手を獲ってくるのか？」とスカウトに聞いても、まともに答えられたスカウトはいなかった。

毎年打撃フォームを変え続けたのは超一流ならでは

イチローは、メジャーでは毎年のように打撃フォームを変えていた。「余分なものを省いている」と表現していたそうだが、常に向上心を持ち、理想の打撃フォームを追求していたということだろう。

スイングの基本は変わっていない。ボールを最短距離で捉えるために、バットを無駄な軌道を走らせないように準備している。そのまま体をひねれば、バットが出て来るようなスイングになっている。

19年はキャンプから両膝を曲げ、重心を下げるような打撃フォームに変更。それまでもスタンスや足の上げ方、ステップの幅、上半身の姿勢、バットを構えた時の角度などを変えていた。目に見えない部分でも、さまざまな部分を微調整していたはずだ。

私は打撃フォームを投手によっても微妙に変えていた。真っ直ぐのタイミング、スライダー、カーブ、フォークなど、待ち方を変えていた。

左投手は曲がる球が自分のほうに向かってくるので、右投手と構えは違った。グリップの位置、膝の使い方、足のスタンスの広さ。打者は投手によって変える、カウントによって変えるなど、大きく変えるところはなくても、小さなところでさまざまなところを変えているはずだ。

これは一流打者なら誰でもやっていると思う。へぼバッターほど工夫もなく同じ打ち方で打ってしまう。

私はよく結果の出ない選手に、「変われ」と言い続けてきた。しかし、なかなか実行できない。今の成績でも試合には使ってもらえるから、それで満足してしまっている。変わることによって、今より悪くなってしまうのではないかと考える選手が多い。

良くなることよりも、不安のほうが先にきてしまう。変わるのに必要なのは「勇気」だけだ。変わることでマイナス思考を働かせてしまうのは、私にはよくわからない。結果が出なければ、また元に戻せばいい。

そういう時に必ず言うのが、「進歩」とはどういうことかということだ。人から「おまえ良くなったな」と言われたら、進歩を認めてもらっていることになる。「良くなったな」ということは、イコール「変わったな」ということだ。だから結果が出ないのならば、思い切って何かを変えなければならない。そういう説得の仕方を何人かの選手にしてきた。

人間の最大の悪は鈍感。その反対は感性。感じる力というのは、感謝する心からスタートしている。感謝を持っている人間というのは感性も鋭く、関連している。

みんなアマチュア時代に、将来はプロ野球に入りたいと夢を持ち、それを実現させてプロ野球選手になる。ところが、ダメな選手はそこを到達点と勘違いしてしまう。目標を達成し、安心してしまうのだ。

プロ入りは出発点でしかない。そこからがスタートだ。それを監督の時に新入団会見で話したが、わかろうとするルーキーは少なかった。

契約金をもらい、給料も一般のサラリーマンよりもいい。金におぼれて、遊びに走ってしまう。そのおかげで、私のような田舎者のテスト生出身が、レギュラーを獲れたのだと思う。

ほとんどの選手は、変わることを恐れるが、イチローは向上心を持ち、もっと打ちたいと打撃フォームを変え続けた。これも超一流選手ならではである。

野球頭脳が優れているイチロー

イチローがなぜメジャーで通用したのか。それは野球頭脳が優れているからだと思う。そうでなければ、あんな凄い成績は残らないし、何年も続けて記録を出し続けることはできない。メジャーリーグでも、いい選手ほど頭を使ってプレーしている。

現在、日本のプロ野球は5チームと25回ずつ戦う。他に交流戦もあるが、対戦する投手はほぼ決まっているので、球種や特徴などは頭の中に染みついている。しかしメジャーリーグは同リーグの14チームと対戦し、交流戦も多いため、対戦する投手は日本の比ではなく、全部は覚えきれないだろう。イチローは、どんなモーションで、どんな球を投げてくるのかわからない相手からも結果を残してきたのだから、私にはできない芸当だ。

私はオールスターで打てなかった。二度MVPを獲ってはいるが、たまたまだ。打てない原因はハッキリしている。セ・リーグの投手のことがわからないからだ。オールスター用に投手の研究をしてもしょうがない。それならばパ・リーグの研究をしようと、同じリーグの選手とベンチで話をし、情報収集をしてシーズンに生かしていた。

イチローは天才的なプレーヤーだが、頭もしっかり使っている気がする。野球選手は機械に頼るわけにはいかない。他人に助けてもらえない。自分でやるしかない。

プロ野球で活躍するような選手は、体力・気力・知力の三拍子が揃っていなければならない。まずは体力づくり。気力というのは教えられるものではない。負けん気の強さなどは、持って生まれたものもある。そこで最後に差がつくのが知力だ。「なぜ」、「どうすれば」。考える能力がないと、どの世界でも通用しない。「一流になりたい」、「いい成績を残したい」という願望が強ければ強いほど、嫌でも考える道に進む。自分との戦い。人はどうしても「俺はこんなもんだろう」、「これぐらいやればいい」という楽な方向にいきたがるものだ。

第2章　イチローがプロ野球界に与えた功と罪

日米通算記録はおかしい

イチローの記録で話題になったのが、日米通算記録の解釈だ。日本で1278安打、メジャーで歴代24位の3089安打を打ち、日米を合算すると4367安打となる。

メジャーリーグ記録の通算4256安打を放っているピート・ローズ（レッズなど）は「日本の記録も入れるなら、俺がマイナーリーグで打った427本も加えるべきだ」とクレームをつけていたが、この気持ちはわかる。

日本とメジャーリーグでは野球のレベルが違いすぎる。日本で作られた記録とは全然違う。一緒にされたら、メジャーリーガーが怒るのも無理はない。

巨人の王貞治が1977年にハンク・アーロン（ブレーブスなど）を超える756本塁打を打ち、のちに868本塁打まで伸ばしたものが世界記録と呼ばれているが、あれもおかしい。日本の記録でしかない。

話題を作って騒ぎ立てようというマスコミの手法で、もの凄く抵抗があった。すぐに「世界一」などと言うが、比較すること自体が間違っている。

福本豊の1065盗塁は、リッキー・ヘンダーソン（アスレチックスなど、1406盗塁）に抜かれたが、あれは本塁打などに比べれば、おかしくはない気がする。

イチローもマーリンズ時代の2016年にピート・ローズを超える4257安打を打った時の会見で、「日米合わせた数字ということで、どうしたってケチがつくことはわかっているし、ここに目標を設定していない。いつかアメリカでピート・ローズの記録を抜く選手が出てほしい」と話している。

もっとも、日米通算が論じられるほど凄い成績を残す選手は、イチローだけ。野茂英雄が日米201勝、松井秀喜が日米507本塁打といった記録を達成しているが、メジャーリーガーと比較対象になることはなかった。今後も日米通算記録で騒がれるような選手はもう出て来ないかもしれない。

四球の少なさは身勝手プレーの証明

野球は団体競技、チームプレーなのに、イチローは自分のことしか考えていないように見える。だからメジャーリーグでも同僚から全然人気がなかったそうだ。

長年在籍したマリナーズから12年途中にヤンキースへトレードされたが、メジャーでもチームの顔のような選手はなかなか出されない。チームでは浮いていたそうで、やはり何か欠陥があるから出される。

1番打者でありながら、ほとんどの年で四球の数が50未満しかない。年間200安打を打つことしか考えていないからだろう。マリナーズに入団した01年は、出場した157試合で738打席も立って、四球はたった30。うち10は敬遠で、選んだ四球は20だけだった。

2年目の02年の68四球がメジャー19年で最も多いが、この年も敬遠が27もある。実質は41だった。捕手が立ち上がらず、敬遠気味のものも多かったはずだ。カウント3ボールになると四球を選ばず、ヒットを打ちたいから、多少のボール球なら手を出してファウルにしてしまう。まさに自分本位もいいところで、チームを完全に私物化している。

09年は第2回WBCで世界一になるも、胃潰瘍で出遅れ、初出場は開幕9試合目。その遅れを取り戻そうとしていたのか、32四球だけで敬遠が15。実質は17四球しかなかった。

これは出塁の求められる1番打者として、ちょっと考えられない数字だ。打席が多く回ってくる1番打者なら、80ぐらいはないとおかしい。タイプの近い張本勲や福本豊は、メジャーリーグどころか現在の日本より少ない年間130試合制の時代に、四球が年間70～90はあった。

メジャーリーグは162試合の長丁場のため、適度に休養を取りながら乗り切っている。ところがイチローは、05、08、10年は全試合に出場。04、06、07、11年は1試合欠場しただけの161試合に出場。これも、多く試合に出場し、1本でも多く打ちたいという考えからか、休みたがらなかったと聞く。

ところが、ヤンキースを経て、代打出場の多くなったマーリンズでは15年に438打席に立ち31四球、16年は365打席で30四球（いずれも敬遠は1）。マリナーズ時代の半分の打席数で、四球の数は変わらなかった。

代打では年間200安打は不可能で、しっかりボールを見るようになったのか、ボールが前に飛ばなくなったのかは定かではないが、マリナーズ時代はいかに身勝手なプレーをしていたかがわかる。

もしもイチローが巨人、阪神に入っていたら

もしもイチローが入団していたチームが、オリックスではなく巨人だったら、どうなったか? 彼の人生は大きく変わっていたのではないだろうか。

巨人は選手の層が厚く、FAなどで新戦力や外国人選手が次々と入団してくるが、イチローほどの実力があれば、そんなことは関係ない。あれだけの選手だから埋もれることなく、間違いなく出てきたはずだし、ON級のスーパースターになっていたと思う。

オリックスでもあれだけの人気選手になったのだから、巨人だったら大変なことになっていたはずだ。

イチローが凄いところは、当時は人気のなかったパ・リーグ、しかも関西のオリックスであれだけの人気選手になったことだ。

「人気」は「人の気」と書く。人の気は気まぐれだ。どんなに打っても、どんなに勝っ

ても、人気が出ない人は出ない。人の気持ちを動かすことができない。イチローはそんな人の気をつかみ続けていたことになる。

私が現役の頃、オリックスの前身の阪急は、強くても全然注目されなかった。西宮球場はいつもガラガラで、南海の本拠地だった難波の大阪球場よりもお客さんが入らなかった。

1065盗塁の福本豊、284勝の山田久志といったスター選手も、あれだけの大記録を残した割には人気がなかった。これは阪急という人気のないチームにいたからだ。福本や山田がもしも巨人の選手だったら、国民的なスター選手になっていただろう。

私が現役の時に西宮球場で試合をやっていると、甲子園球場の〝ワ〜〟という歓声が聞こえてきたことがあった。大げさだと思われそうだが本当の話だ。

今は西宮球場もなくなり、マンションや商業施設になっているそうだが、甲子園から2・5キロほどの距離で、当時はトランペットの応援もなく、球場は閑古鳥が鳴いていて静かなもの。風向きもあったのだろうが、西宮で試合をしていて苦笑したものだ。

関西のファンは野次がキツい。厳しいファンばかりで、大阪で拍手をもらうのは大変だった。「4番・キャッチャー・野村」とアナウンスされても、1打席目は「シ〜ン」。3打席目までに本塁打を2本ぐらい打つと、ようやく4打席目にパラパラ拍手が起こる程度だった。

関西というのはそういう土地柄で、パ・リーグの阪急、南海、近鉄が本拠地にしていた西宮球場や大阪球場、藤井寺球場はそんな感じだったが、イチローはそういった関西パ・リーグのイメージも変えた。

グリーンスタジアム神戸（現ほっともっとフィールド神戸）にはイチロー見たさに、大観衆が足を運んだが、そんな選手はそれまでのパ・リーグにはいなかった。

これがもしも、関西の人気球団、阪神に入っていたらどうなっていたか。典型的な人気先行のチームで、一軍に出てきた途端にファンやマスコミにダメにされていたかもしれない。

阪神には悪い伝統があり、タニマチが選手を連れ回す。マスコミもチヤホヤしてスター扱いするため、選手が勘違いしてしまう。それで、しっかり練習に取り組まなければいけない時期にそれが疎《おろそ》かになり、ダメになっていった選手は何人もいた。イチローでも阪神に入っていたら、周りに流されて、環境に毒されて大成していなかったに違いない。

登録名を1994年に鈴木からイチローに変え、その年に210安打を打って人気選手になったが、これは仰木彬監督の大ヒットだ。プロ野球は人気商売。話題も作らなければいけない。鈴木では人気が出ない。イチローのほうがファンも親しみがわき覚えやすい。これも人の気をつかんだ要因の1つといえる。

メジャーリーグでも、ヤンキースやレッドソックス、ドジャースといった人気チームではなく、マリナーズであれだけの人気選手になった。

アメリカは首都のワシントンや、ニューヨークなど東海岸が中心。シアトルは西海岸の北部にあり、東海岸とは3時間も時差がある。東海岸のチームから見ると「遠くのほうで何かやっているな」という程度だそうだ。

そのマリナーズで、オールスターに10回出場し、うち2005年以外の9回がファン投票で選出。01年から3年間は両リーグ最多得票で、アメリカでもそれだけ人の気持ちをつかんでいたのだから、凄い話だ。

ひどかったイチローのマスコミへの対応

野球面では文句のつけようがないイチローだが、私はイチローのマスコミへの対応には不満である。

キャンプとシーズン中にイチローがテレビのインタビューに応えるのは年に3回だけ。キャンプイン、年間200安打を打った時、そしてシーズン最終戦。オールスターに出場した時は、個別の会見があるため、全選手が受けなければいけないが、それを含めても4回だけ。他には通算4000安打など節目の大記録を達成した時だけだったそうだ。

日頃の取材も異様なものだという。メジャーリーグは日本と違って、報道陣がロッカールームに立ち入ることが可能で、どんな選手も試合後に取材を受ける。ところがイチローは、ロッカーに向かってイスに座ったまま。帰り仕度をするイチローに、背後から記者が質問するというスタイルで、それも親しい記者2人が話を聞き、他の大勢の記者に伝えていたという。

そんな選手は聞いたことがないし、私にはそんな失礼な発想は浮かばない。「自惚《うぬぼ》れるのもいい加減にせい」と言ってやりたい。こういうところにも「自分は特別なんだ」と人を小馬鹿にした態度が出ている。

プロ野球は人気商売だ。ファンはもちろんのこと、マスコミも大事にしなければいけないし、取り上げてもらえることに感謝しなければいけない。

イチローがメディアにちゃんと話さないのは、オリックス時代からだった。私はイチローがまだプロ6年目の23歳の頃、1997年のオープン戦中、ヤクルト担当記者にこんなことを話していた。

「大選手なんだから、もっとリップサービスせい。マスコミにサービスするということは、ファンサービスにもつながる。機嫌が悪い日もあるだろうが、イチローにはしゃべる義務がある」

さらに「感謝の心を忘れてはダメだ。誰のおかげで、これだけの大選手になれたのか。野球ができるのは誰のおかげなのか。野球を作った人、球界の先輩、そういった人がいるから、今がある。マスコミにサービスすることで、球界の発展にもつながる」と苦言を呈した。

イチローの周りには、言いにくいことをちゃんと言う人がいなかったのだろう。イチローは人気もなく、注目度の低かったオリックスに突然現れ、またたくまにスター選手に上り詰めた。それだけに球団も、まだ若手だったイチローに対して腫れ物に触るように接するようになり、強く言えなかったため、ああなってしまった。それはイチローにとって不幸だったといえる。

私の思いは今でも変わらない。イチローは今までの態度を挽回するかのように、深夜に1時間25分に及ぶ盛大な引退会見を開いたが、その前の試合までは最後まで自分のスタイルを貫いた。

巨人がなぜあれだけの人気球団になれたのか。毎日テレビ中継をやっていたことで、人気が上がっていったからだ。プロ野球は12球団あるのに、巨人だけが特別。マスコミからすれば他の11球団はなくてもいいぐらいだった。

私は注目度の低いパ・リーグにいたので、巨人がうらやましかった。南海などはテレビ中継はないし、何をやっても新聞の扱いも小さかった。関西は巨人と阪神ばかり。「巨人、阪神は凄いな」と思う一方で、「同じ野球なのにどうして」という妬みやひがみが、反発心になっていった。

今は巨人戦の地上波テレビ中継も少なくなり、パ・リーグの人気も上がってきているが、それでも巨人は特別なチームといっていい。

担当記者に対してイチローなりの考えもあったようだが、あれほどの選手になったらプロ野球全体のことを考えなければいけない。野球人気を上げていくために、また野球人口を増やし発展させていくために、自分が何をやっていくべきなのか。もっと大きくモノを考えてほしかった。

私が指導した選手だと、ヤンキースの田中将大は毎試合後、どんなに結果が悪くても、必ずテレビカメラの前に立ってインタビューを受け、始まる時には「よろしくお願いします」と頭を下げているそうだ。

楽天もできたばかりの球団で、ドラフト1位で入団してきたマー君が、初めてのスター選手といってよかった。当然取材が集中し、チヤホヤされることもあっただろうが、マー君はマスコミに対し尊大な態度を取ることもなかった。もちろん、そんなことをしたら私が許さなかった。

私は中日の監督だった落合博満が、試合後に担当記者に話さないというのを聞いて、説教したことがあった。落合は「記者連中は野球を理解しようとしない」と言い訳していたが、記者に野球を教えるのも監督の仕事だ。

「監督よりも選手を取り上げてほしい。監督が毎日1面になっているようではダメだ」と持論を展開していたが、これもおかしい。監督はチームのリーダーで、先発オーダーを決め、選手を交代し、サインを出している。ファンは監督がどういう考えを持って采配を振るったのか。そこを知りたがっているはずだ。

私は、監督は広報担当も兼ねていると考えていた。だから、「監督は監督の立場で話せばいい。記者はみんな話を聞きたいんだから、黙ってないでマスコミにサービスしなさい」ときつく言ったが、落合が試合後に冗舌にコメントしていたという話は聞いたことがない。

私が南海監督時代の担当記者は若手のぺーぺーばかり。スポーツ紙の部長が来た時に「もう少しまともな記者をよこしてくれよ」と頼むと、「ノムさんのところで野球の勉強をさせて、よくなったら阪神担当をやらせる」と言われたことがあった。

当時の南海は人気もなかったので、原稿量も少ない。そこで鍛えて、人気があり原稿の多い阪神に送り込む。若手記者の修業の場にさせられていた。

オリックス時代に、私が苦言を呈した記事をイチローが見たので、あいさつすらしなくなったのかもしれない。こういうことをハッキリ言うから、私はイチローに嫌われたのだと思う。

普通の人なら、目上の人から言われれば、自分も間違っているところがあるのではないかと、態度を改めるものだが、それでも改めないのだから、変わっているといえる。

イチローを見習えるか

スター選手には、チームの鑑《かがみ》にならなければいけないという義務がある。4番やエースといったチームの中心選手には、それ相応の振る舞いが求められる。4番という打順に入ったり、開幕投手を任されたり、タイトルを獲得することで中心になるわけではない。いい成績を続けることや、大事なところで打つことよりも、選手全員の見本、手本にならなければいけない。

監督をやった経験上「おまえら○○を見習え」と他の選手に言えるような選手にならなければ、本物ではない。中心というのはそういうことだ。

ONに例えれば一番わかりやすい。巨人の長嶋茂雄と王貞治は、まさにチームの中心であり、模範、鑑だった。

巨人から南海に移籍してきた相羽欣厚《あいばよしひろ》は「ONが率先して練習するから、他の選手がボヤボヤしていられない」と言っていた。ONは結果を残すだけではなく、よく練習をする、努力家でもあった。もちろん日頃の言動や振る舞いも、しっかりしていた。そういう選手がチームにいれば、監督は楽だ。

ではイチローはどうだろうか。

プレーでは身勝手なところが見受けられ、振る舞いも決して褒められたものではない。あれでは、他の選手に「イチローを見習うな」となってしまう。

もっとも、イチローはよく練習するそうだ。オリックスからヤクルトに移籍してきた馬場敏史が「イチローは休みの日に、室内練習場で一日中バットを振っている。あの練習量には敵いませんよ」と舌を巻いていた。

あれだけの選手だから、やはり何かある。他の選手とは違うことをやらなければ、あんな成績は残せない。

自分が成績を残すことが、チームの勝利につながるという考え方もあるだろうが、中心選手はそれではいけない。イチローは自己中心的で、人のことなど考えていないように見受けられる。

イチローは引退会見で「人望がない」と話していたが、それがわかっているのなら、振る舞いを改め、チームの鑑になってほしかった。

イチローを身勝手にしてしまった仰木彬監督

環境が人を育てるということがある。イチローをあんなタイプにしてしまったのは、オリックスの監督だった仰木彬が悪い。「鉄は熱いうちに打て」とはよく言ったもので、若い時にしっかり人間形成や基礎を作らないと、ああいう身勝手な人間になってしまう典型といっていい。

オリックスが負けて、イチローがヒットを打った試合後のバスで仰木監督に「おまえはそれでいいんだ。勝ち負けは俺が責任を取るから、おまえは自分のことをやれ」と言われ、イチローは「その時にこの人のために頑張りたいという思いが芽生えた。レギュラー1年目で20歳の選手になかなか言えることではない」と心酔したそうだ。

この話を聞いた時に仰木らしいと思った。

イチローも若い時はそれでもいい。しかし何年もレギュラーを張り、チームの中心選手になったら、自分のことだけではダメだ。

結局、レギュラー3年目の96年に優勝したのを最後に、97年以降イチローがクリーンナップに座るようになってからオリックスは優勝することができなかった。恐らくオリックスには、イチローをしっかり教育できる先輩選手や、真似をできるような存在がいなかったのだろう。環境が悪かったのは、不運だったといえる。マリナーズも1年目に地区優勝しただけで、その後は一度も優勝していない。これもイチローの言動と無関係ではないと思う。

仰木監督は西鉄時代の三原脩監督にソックリ。歩き方、しゃべり方ばかりか、ベンチでの振る舞い、選手交代を告げる時、抗議の仕草など瓜《うり》二つだ。恐らく真似をしていたのだろうが、何から何までよく似ていた。

選手というのは現役時代に仕えた監督に似てくるものだ。私が選手を褒めないのは、南海の鶴岡一人監督譲りといえる。仰木は選手の機嫌をとる三原流の影響を多分に受けている。

西鉄のエースだった稲尾和久は、三原さんが甘やかし放題でかわいがっていた。博多の料亭やクラブに予約を入れて、「連絡してあるから行ってこい」と遊ばせていたのだから。そんな監督は空前絶後だろう。

「神様・仏様・稲尾様」と崇められていた稲尾だけ神様扱いで、中西太さんや豊田泰光さんといった主力選手に同じことをしていたとは、聞いたことがない。恐らく仰木は、イチローにも同じように特別扱いをしていたのだろう。

清原和博が覚せい剤を使用し逮捕される大事件を起こしたが、あれは入団時の西武監督だった森祇晶が悪い。堤義明オーナーにかわいがられていた清原を特別待遇し、甘やかしていたせいだ。

エースと4番はチームの中心で鑑にならなければいけないが、清原は鑑になれなかった。野球を取ったら人間失格。指導者なんてとても無理。人の上に立つ器ではなかった。記録を残せばいいというものではない。500本以上ホームランを打っても何にもならない。

森に「清原をあんなふうにしてしまったのは、おまえが悪い」と直接言ったことがある。「俺は関係ないよ」と否定していたが、高校から入ってきた清原を、しっかり教育しておけば、あんなことにはならなかったはずだ。

本来ならば、あれだけの実績を残してきた清原は、監督になって球界を引っ張っていかなければいけない存在だった。なぜ監督、コーチとして声がかからないのだろうと、不思議でしょうがなかったが、あんな事件を起こして「どこの球団もよく見ているんだな」と感心するしかなかった。

清原とイチローを同じにしてはいけないが、仰木もタイミングをみてしっかり言わなければいけなかった。

イチローがライトのイメージを変えた

私が現役の頃、ライトは一番下手な選手が守っていた。少年野球や草野球でもライトで8番打者が「ライパチ君」などと呼ばれ、下手な選手の代名詞のようになっていた。

イチローはそういったライトのイメージも変えてしまった。足が速くて守備範囲が広く、肩が強い。右中間を破るような打球を、俊足を飛ばして捕球しアウトにしたり、二塁打になるような打球を、素早く処理して打者走者を一塁で止めてしまう。またレーザービームと称された好返球で、本塁や三塁で走者をタッチアウトにして、何度も投手を助けてきた。

もちろん、本塁打になりそうな打球をジャンプして、スーパーキャッチしたこともある。これまで注目を浴びることが少なかった外野守備に、スポットライトを当ててみせた。

昔の外野手はポジションで素振りの構えをして、イメージバッティングをしている選手が多かった。要はヒマなのだ。ところがイチローは、いつも送球するモーションを繰り返し、いつ飛んできてもいいように、準備していた。

外野手出身の名監督がいないのも、何も考えずにプレーして、飛んできた球を処理するだけで、試合に参加していないからだろう。

それまでの野球は、ライトを軽視していた。普通に考えれば、レフトよりもライトのほうが重要だ。例えば走者一塁でライト前ヒットが出た場合、ライトがモタモタしていたり、肩の弱い選手だと、一気に三塁まで行かれてしまう。しかし、レフト前ヒットなら、レフトから三塁が近いので、走者は進みづらい。イチローの登場以降、どのチームもライトを重視するようになった。

私は現役の時に、捕手が怖くなってノイローゼのようになり、後楽園球場でライトを守ったことがある。後楽園は相手チームのブルペンが外野のところにあるので、そこにいたリリーフの投手に「ノムさん、そんなとこ守ってたらダメだよ。もっと前だよ」などと野次られながら守ったが、当時のライトなど素人同然の私が守らされるようなポジションだった。

イチローは高校時代は投手だったそうだが、オリックスに入団した時に、なぜライトを守らせたのだろうと思う。もったいない気がする。

もしもイチローをヤクルトが獲得していたら、どこが適材適所か、どこを守れるかを見極めただろう。

私なら一番難しいポジションをやらせてみたい。かといってキャッチャータイプではない。それならばショートをやらせてみたい。あれだけのセンスがあるのだから、真剣に取り組ませればできたのではないだろうか。

左打ちが増えたのはイチローの影響

イチローの出現とともに左打ちの打者が増えた。今や甲子園や大学野球、社会人でもいい打者は左が多い。プロ野球のスカウトは右打者を探してくるのに四苦八苦しているそうだ。

私がヤクルト監督になる前に、シニアリーグの監督をしていた頃の中学生は、左打ちはそこまで多くなかった。ところが、最近の若い選手は日本ハムの清宮幸太郎、ヤクルトの村上宗隆、中日の根尾昂ら、右投げ左打ちの選手ばかりといってもいい。

これは、野球を始めたばかりの少年野球の頃に、監督や親が左打ちにしてしまうからだ。イチローや松井秀喜の真似をした子供も多いだろうが、野球は左打ちのほうが圧倒的に有利だ。

まず打席で立つところが違う。一塁ベースまで近い位置に立てるのは大きい。右投げの投手が多いので、球も見やすい。

首位打者を獲る選手や3割打者は、左打者が圧倒的に多い。これは内野安打を稼げるのも大きい。

捕手をやっていて「俺も左打者に生まれたかったな」と何度も思ったものだ。回ごとにルールを変えればいいのにとも思った。ベースを一周するのは、右回りも左回りも距離は同じ。それならば、この回は打ったら三塁に走るというルールがあってもいいとさえ考えた。

捕手で守っていても、左打者は嫌だった。一塁走者が見づらい。盗塁したのに気がつかず、二塁に投げることができず、大恥をかいたこともある。だからベンチに「走った！」と大声で教えてほしいと頼んでおいたものだ。

打席では一番捕手寄りに立つ打者が嫌だった。打者が後ろに立つと、バットで頭を叩かれないように、捕手も少し下がることになるため、二塁までの距離が遠くなる。もちろん走者も見づらい。

私も打席では一番後ろに立っていた。18・44メートルのマウンドからの距離が少しでも遠くなれば、打撃に有利だろうという思いはもちろんあるが、捕手にやりづらくさせるためでもあった。

打席では一番投手寄りに立ち、変化球が曲がる前に打てばいいと教えていた指導者もいたが、打席で投手寄りに立つのは損なことが多い。

イチローはほとんど体型が変わらなかった

私はプロ野球の評論をしていると、つい口にしてしまう言葉がある。

「阿部は太りすぎだ。一塁で楽をしているからだろうけど、あれでは打つ時に体が回らないだろう」

巨人の阿部慎之助は年々太り、今や東京ドームではなく国技館に行ったほうがいいのではないかと言いたくなるような体型だ。巨人の二軍打撃コーチになった村田修一らもそうだったが、太れば体がキレなくなり、動きも悪くなる。

しかしイチローは、「腹が出てきたら引退します」と宣言したことがあったとおり、現役生活でほとんど体型が変わっていない。身長180センチ、体重78キロで、メジャーリーガーの中に入ったら細く見え、小さい部類といえる。

メジャーリーグに移籍したばかりの時に、体を大きくしたが、3キロ増えただけで動きが悪くなり、それから体型を変えていないと聞く。

私も現役時代は、身長175センチ、体重85キロで、ほとんど体型が変わらなかった。もっとも、節制していたわけではない。よく食べ、よく寝る。ただ私は酒を飲まないので、体重が増えなかったのかもしれない。

太る選手は、いわゆる酒太りが多い。早死にする人も酒好きが多い。「酒は百薬の長」なんて言葉もあるが、あれは嘘だ。イチローはビールのCMにも出ており、酒は飲むそうだが、シーズンオフだけにしていた時期もあるそうだ。

私もウエートトレーニングはやっていた。私は他の選手がやっていなかった昭和40年代にいち早く取り入れていた。

私が現役時代に日米野球でメジャーの投手と対戦しても、なかなか打てなかった。球が速くて重いからだ。リリースする時に、太い指で回転をかけて投げるので、スピンがかかって〝ズド～ン〟とくるような感じがした。そして体も大きいので、体力で圧倒されてしまう。

日米野球で来日するメジャーリーガーが、丸太のような腕をしていたので聞いてみると、みんなウエートトレーニングをやっているという。私は腕が細かったので、すぐに真似をした。

私は握力も弱く、計測するとチームメイトから「本気でやってるの？　それで力いっぱい?」と、冷やかされるぐらい弱かった。

まだちゃんとしたウエートトレーニングの設備がなかった時代で、バネのついた握力を強くする器具を使い、電車に持ち込んで、腕を鍛えていたものだ。

中西太さんや山内一弘さんは腕が太く、メジャーリーガーと比べても負けていなかった。私も同じぐらい太くして、もっとパワーをつければ本塁打を打てると考えていた。

ゲンを担ぐのは自信のなさの裏返し

イチローは2001年にマリナーズに入団してから08年まで8年間も、シアトルでナイターの時は毎日昼前にカレーを食べてから球場入りし、試合前には弓子夫人の握ったおにぎりを食べていたそうだ。他にも球場入りから、練習開始、グラウンドに出る時間など、すべて事細かに決め、毎日時間どおりに動いて、試合に臨んでいたのだという。

私もゲンを担ぐほうで、同じ店に続けていくことはあったが、さすがに毎日同じものを食べるということまではやったことがない。

現役時代から球場に入る道順はよく変えた。本塁打を打てば同じ道を通ったし、成績が悪かったり負けたりすると、わざと遠回りしたこともあった。占いで縁起のいい方位から球場入りすることもやった。

負けると同じ服を着ない。勝つと同じパンツを穿《は》き続けた。このパンツもラッキーカラーを占ってもらい、その色で作った特注品。私は力がないから、何かにすがりたくなる。現役の頃からゲンはよく担いだ。

監督時代は試合前に名刺をもらってあいさつをされると負けるというジンクスがあった。これは、名刺を出す仕草をされただけでダメだった。なので、球団広報に頼み、なるべく知らないお客さんとは接しないようにして、あいさつは遠慮してほしいとお願いしていた。

勝負事ではみんなゲンを担ぐ。イチローのカレーや試合前のルーティンも同じで、自信のなさの裏返しだったのかもしれない。

ルーティンというのは無意識にそうなってしまうものだ。イチローは打席に入る前にはネクストバッターズサークルで、相撲の四股のように腰を沈めてから、屈伸しながらストレッチを行う。打席での、肩口に左手を添えながら、バットを立てて投手の方向に右腕を突き出すポーズは有名だ。オリックス時代は右腕を突き出したあとに、バットを円のようにぐるぐる回していた。

私もネクストバッターズサークルから打席に向かう時に、バットで足のつま先をコツン、コツンと叩くクセがあった。イチローも最初は意識していなかったと思う。それを周囲に指摘されて「俺、そうやっているのか」と気がついたのではないだろうか。

ここまで徹底している選手は聞いたことがないし、変わっていることは間違いない。ここまではないにしても、一流選手は何かこだわりを持っているものだ。

第3章　イチローの引退会見を検証する

1打席が勝負の代打は難しい

3月21日に引退表明したイチローの引退会見は、日付が変わって22日の深夜0時すぎから始まったが、実に85分に及んだ。その中で気になった部分をピックアップして、論じていきたい。

【引退というか、クビになるんじゃないかは、いつもありましたね。ニューヨーク（ヤンキース）に行ってからは、毎日そんな感じです。マイアミ（マーリンズ）もそうでしたけど。ニューヨークって（中略）特殊な場所です。マイアミも違った意味で特殊な場所です。毎日そんなメンタリティーで過ごしていたんですね。クビになる時は、まさにその時だろうと思っていたので。そんなのしょっちゅうありました】

私とイチローの晩年は、くしくも同じような球歴を辿っている。

イチローは2012年途中にマリナーズからヤンキースにトレード。マリナーズ時代の1番打者から、ヤンキースでは下位打線で起用され、ポジションもライトではなくレフトを守ったが、結果を残し、ヤンキースと2年契約を結んだ。

しかし外野の4、5番手としての扱い。15年にはマーリンズに移籍し、3年間プレーしたが、年々出場機会は減り、代打としての出場が増えた。

17年には代打で27安打を放ち、メジャーリーグ記録にあと1まで迫ったが、先発出場は22試合だけ。108試合は代打だった。

16年4月16日のブレーブス戦では代打で出場も、相手が左投手に代わったため、代打の代打を送られた。イチローは対右投手よりも左投手の対戦打率のほうが高く、その年も同様だったそうだが、打席に立たせてもらえず、交代させられる屈辱も味わった。

代打は難しい。慣れていないので、どんな凄い打者でも代打はとても務まらない。4打席立てるのと、1打席で勝負しなければいけないのとは全然違う。代打は、守備はさっぱりだが打撃は優れているというような、一芸に秀でているような人が向いている。

イチローは長年スタメン出場してきた選手で、守備に就くことでのリズムというのもあったはず。イチローといえども、やはり苦労したはずだ。

会見で話していたとおり、ヤンキースとマーリンズは両極端の特殊なチームだ。ヤンキースは巨人と同じで、ファンが多く常勝が義務づけられている。シーズン中でも常に新しい選手が補強されてくるため、いつ押し出されて、クビになってもおかしくない。

マーリンズは新興チームで、常に若い選手が出てくる。チームの成績が悪くなると、来季以降を目指し、育成に方向転換し、若返りのためベテランのクビが切られてもおかしくはない。イチローはそんな中で6年間を過ごしてきた。

私は南海であのまま選手兼任監督を続けていたら、50歳まで現役を続けていたと思う。出場試合数は減っていったかもしれないが、私が監督だから、自分で決めることができる。

15年に中日の山本昌が50歳で引退したが、私の現役当時は阪急の浜崎真二さんの48歳が最年長記録で、せめてそれは破りたいと目標にしていた。

南海をクビになり、1978年にロッテへ移籍し、1年で西武に。2年間プレーしたが、45歳で引退することになった。

妻の沙知代との問題で南海を追われることになったが、最後まで私を守ってくれた南海の川勝傳オーナーが、「野球でダメになったわけではないから頑張れ」と励ましてくれた。そして「野村はまだ使える」と移籍先を探してくれて、ロッテの重光武雄オーナーに話をしてくれた。これが結果的に大失敗。ロッテなんかに行かなければよかった。

ロッテの監督は400勝投手だった金田正一さん。星野仙一もそうだったが、投手出身の監督らしく「気合いだ！　根性だ！」しかない。こんな監督と私の野球観が合うわけがなく、ほとんど使ってもらえなかった。

私が移籍し、マスコミに取り上げられる機会も多かったため、自分が注目を浴びていなければ気がすまないタイプの金田さんは、面白くなく、ヤキモチを焼いたのだ。

球団からは「若手にアドバイスをしてほしい」と頼まれていたのに、監督の座を脅かしていると感じた金田さんに監督室へ呼び出され、「余計なことするな」と怒られたこともある。私はチームと、若手の成長を願って教えていたのだが、それを怒られ、情けない思いをしたものだ。

金田さんはいい加減な監督で、試合開始に間に合わないこともあった。土屋弘光ヘッドコーチが「おい、監督まだかよ」と慌てていたが、どこへ行っているのかと思えばゴルフ場。球場に向かう車で、渋滞に巻き込まれていたそうだ。

それでベンチに来ると「何だ、もう負けてるのか⁉」。球場に来ればまだいいほうで、地方の試合では、球場に来ないことが本当にあった。それでは勝てるわけがない。

79年にクラウンライター・ライオンズが西武に身売りし、博多から所沢に移転することになり、今度は堤義明オーナーの西武に拾ってもらった。ところが根本陸夫監督も私を使う気がなかった。

2年目の80年8月1日の南海戦（西武球場）で史上初の通算3000試合出場を達成したが、その年は52試合しか出られなかった。

田淵幸一、山崎裕之、古沢憲司ら寄せ集めのチームだったが、キャンプはなぜかフロリダ州ブラデントンで行った。これがひどいもので、毎日ウォーミングアップ程度の練習で終わってしまった。

「これで勝てるのかな」と思っていると、いきなり開幕12連敗。2分けを挟んだが、これは今でも記録だそうだ。

当時ルーキーだった松沼兄弟の兄で、〝兄やん〟こと松沼博久とよくバッテリーを組まされた。兄やんはアンダースローで大きなモーションだったので、走者に簡単にモーションを盗まれて盗塁は楽々セーフ。私がボールを捕った時には、もう走者は次のベースの手前まできてスライディングの体勢に入っており、投げることもできない。

世界の盗塁王になった阪急の福本豊などは、二塁にスライディングしないで、歩いてセーフになっていた。

盗塁阻止はバッテリーの共同作業だ。私は松沼に「クイック投法を覚えろ」と何度もアドバイスを送ったが、全然聞かない。

ところが私が引退したあとに広岡達朗監督が就任すると、クイックで投げていた。

あんなモーションで投げていたら、直されるのは当たり前だが、あれは頭にきた。「クイックで投げられるじゃないか。俺の言うことは聞けないのに、広岡さんの言うことなら聞くのか！」と思ったものだ。

松沼は「根本監督はそういうところにうるさくなかったが、広岡監督はうるさかった。それに野村さんと組んでいた時は、新人でまだそこまでの余裕がなかった」と弁明していたそうだが、私を辞めさせようとして、根本さんとグルになっていたのではないかと勘ぐりたくなる。

恐らくイチローも、口にはしないが私のようにみじめな思いや悔しい思い、情けない気持ちになったことは何度もあったはずだ。

イチローや他のベテラン選手もそうだろうが、みんなこのような仕打ちを受けて、引退に追い込まれていくものだ。

頭を使う野球が見られなくなった

【２００１年にアメリカに来てから、２０１９年現在の野球はまったく違うものに

なりました。頭を使わなくてもできてしまう野球になりつつあるような。選手も現場にいる人たちもみんな感じていることだと思うんですけど。これがどう変化していくか。次の5年、10年、しばらくこの流れは止まらないと思いますけど。本来は野球というのは……。ダメだな、これを言うと問題になりそうだな……。頭を使わないとできない競技なんですよ、本来は。でも、そうじゃなくなってきているというのが、どうも気持ち悪くて。ベースボール、野球の発祥はアメリカですから。その野球が現状そうなってきているということに、危機感を持っている人っていうのが、結構いると思うんですよね。だから、日本の野球がアメリカの野球に追従する必要なんてまったくなくて。日本の野球は頭を使う、面白い野球であってほしいなと思います。アメリカのこの流れは止まらないので、せめて日本の野球は、決して変わってはいけないこと、大切にしなければいけないことを、大切にしてほしいなと思います】

天才ほど頭を使わないでプレーしている。イチローが嘆くように、メジャーリーグは来た球を打つだけの野球になってしまっているのだろう。

メジャーリーグでは、17年にワールドチャンピオンになったアストロズが提唱した「フライボール革命」が浸透している。レベルスイングやダウンスイングで打つよりも、アッパー気味のスイングで強く振ったほうが、本塁打ばかりか安打も増えるという理論だ。わかりやすく言えば、ソフトバンクの柳田悠岐のような打ち方を指すのだろう。

しかし実際にメジャーリーグは、本塁打が増えるのと比例し三振の数が急増。打率は下がって大味な野球となり、月間の安打数よりも三振数が上回ることもあるそうだ。私はそんな野球は嫌いだが、イチローも同じのようだ。

1998年にカージナルスのマーク・マグワイヤが70本塁打、カブスのサミー・ソーサが66本塁打。2001年にはジャイアンツのバリー・ボンズが73本塁打を打ったが、塁に出て、足を絡めた攻撃で1点を取るイチローの登場は、メジャーリーグに衝撃を与えた。

02年にエンゼルス、05年にホワイトソックスが世界一になった時に、「スモールベースボール」と呼ばれる細かい野球が流行《はや》った時期があったが、わずか10年あまりで変わってしまった。

私は「ノーヒットで1点を取る」野球を目指してきた。四球や失策でも塁に出て、その走者をバントや盗塁、エンドランで進めて、犠飛やギャンブルスタートで内野ゴロの間に1点を取る。困った時の1－0。その1点をいかに守って勝つかを目指してきた。

人間がやっているのだから、打つだけではつまらない。足を絡めて走り、機動力を使う。そう簡単に連打や本塁打が出るものではない。野球は確率のスポーツ。どうすれば点が入るかを考えなければいけない。

「フライボール」という発想が流行るのも人間の本能だ。みんな楽に勝ちたい。本塁打がポンポン出て勝てれば、作戦も考えないでいいし、こんな楽なことはない。1－0で勝つことは苦しいし、しんどい。できることなら避けて通りたい。

南海監督を要請された時に、「ドン・ブレイザーをヘッドコーチにしてくれたら、引き受けてもいい」と条件を出した。球団からは「外国人で大丈夫か？」と言われたが、大正解だった。

ブレイザーは最初、「日本の選手は頭を使わない。野球は頭のスポーツだ」とさかんに言っていた。ブレイザーに出会ったことで「シンキングベースボール」で私の野球観も変わった。

ブレイザーはカージナルスやレッズでプレー。メジャーリーグ12年間で学んだ知識を、惜しげもなく私や南海の選手に伝授してくれた。

セ・リーグはわからないが、パ・リーグの野球を変えたのは阪急のスペンサーと、南海のブレイザー。バリバリのメジャーリーガーだった2人が、日本の野球を変えた。メジャーリーグの野球は頭を使い、はるかに日本の上を行っていた。

ブレイザーは典型的な2番打者タイプ。バントはめちゃくちゃ上手かった。試合前に必ず投手の守備能力を聞いてきた。一塁と三塁がシフトを敷いて、前に出てこようが、守備力は関係ない。投手が上手いか下手か、マウンドから降りてくるスピードはどれくらいか。完璧に打球を殺すのは抜群に上手かったが、それを聞いてバントの打球を変えていた。

１９９０年代にヤクルトでＩＤ野球を広め、強くなったことで、他球団もだいぶデータ重視、頭を使う野球を真似するようになり、プロ野球全体のレベルは上がっていった。

ところが、近年はまた元に戻り、レベルが下がっていると感じる。今、一番不満なのが、野球の本質を教える指導者がいないことだ。日本も頭を使う野球をやっているとは思えない。頭の使い方をわかっていないように見える。

そういう野球を教えることのできる指導者がいない。監督、コーチだけではなく、選手を含めても野球の哲学者のような、この人はいい話をするという人材が見当たらないのが残念だ。

野球の技術や戦術は日本のほうが上

【基本的な基礎の動きって、恐らくメジャーリーグの選手より、(日本の)中学生レベルの選手のほうが上手い可能性がありますよ。チームとしての連係もあるじゃないですか。そんなの言わなくてもできますからね、日本の野球では。でもこちら

（メジャー）ではなかなかそこは。個人としてのポテンシャル、運動能力は高いですけど、そこにはかなり苦しみましたよ。苦しんで諦《あきら》めましたよ】

2019年の5月末に、前年のアメリカのドラフトで、アトランタ・ブレーブスに1巡目指名（全体8位）された19歳のカーター・スチュワート・ジュニア投手が、ソフトバンクに入団し、日米を驚かせた。

メディカルチェックの結果、右手首に懸念が見つかり、ブレーブスの提示額が低かったため契約には至らず。ソフトバンクと6年約7億7000万円の契約を結び、日本で経験を積んで、メジャーに〝逆輸入〟するという方針だそうだ。

イチローが指摘するとおり、野球そのものは日本のほうが進んでいる。パワーやスピードでは敵わないが、細かい戦術や、技術、頭脳の面では日本のほうが上。サインプレーやバントシフトは日本のほうが多いと聞く。

引退会見でイチローは、「自分が将来MLBで活躍するための礎《いしずえ》を作るという考え方であれば、（中略）日本の野球で鍛えられることは、たくさんある」とも話している。

私が現役の頃は、そういった知識が少なかった。本当に野球を教える指導者がいなかった。メジャーの選手が日本に来たり、川上哲治監督時代の巨人がドジャースのキャンプ地だったフロリダ州ベロビーチに行き、メジャーの野球を学んだことで、日本の野球も変わって、レベルが上がっていった。

近年は日本でプレーし、アメリカに戻ってメジャーリーグのコーチをやっている選手が多い。日本の練習方法を取り入れて、コーチとしての評価が高まっているのだろう。

我々の現役の頃は、王貞治、長嶋茂雄でもメジャーリーグに行ったら、打率2割7分〜2割8分、本塁打を20本打てるかどうかと言われていた。実際に巨人がドジャースのフロリダ州ベロビーチにキャンプに行って、メジャーのチームと対戦しても、ほとんど打てなかったそうだ。

私は、もし今の時代に現役だとしても、メジャーに行きたいとは思わない。単純に通用するとは思えないからだ。日本で十分。日本のプロ野球でやれるかやれないかという立場だから、メジャーなど夢のまた夢。それぐらい遠い世界だった。私は無理だが、元ヤクルトの古田敦也なら肩がいいので通用したのではないだろうか。打撃も対応する能力がある。

私が現役の頃の１９６０年まで、メジャーリーグは16球団だった。61、62年に２球団ずつ増え20球団になった。その後も増え続け、98年にダイヤモンドバックスとデビルレイズ（現レイズ）が加わり、30球団になって現在に至る。

選手の生まれた国を見てみると、ドミニカ共和国やプエルトリコ、ベネズエラ、そしてキューバなどの中南米ばかりか、日本、韓国などアメリカ以外の20の国と地域にのぼるそうだが、それでもチームの増加には追いつかず、選手層は薄くなっている。

ヤクルトがアリゾナ州ユマで行っていたキャンプに捕手の臨時コーチで来ていた元レンジャーズ、フィリーズ、インディアンス監督のパット・コラレスが話していたが、単純にチームが増え、昔なら３Ａレベルの実力の選手が、メジャーで大きな顔をしてプレーしているという。

メジャーリーグからすれば、日本のレベルは上がっているように見えるかもしれない。かつては、オフの日米野球でメジャーの単独チームが来て、全日本で対戦しても、日本は10試合戦って1つ勝てればいいほうだった。

16球団しかない頃は、投手も打者も凄くて、勝てる気がしなかった。ジャイアンツのスーパースターだったウィリー・メイズと対戦したが、スイングが見たこともないぐらい速かった。南海の杉浦忠が完投した試合が印象に残っているが、メジャーはアンダースローに慣れていないようだった。

そんなメジャーリーグで日本の選手が通用するとは。これも時代で片づけていいのか。どう理解していいのかわからない。

イチローの間違った野球観

【(野球は)団体競技なんですけど、個人競技というところですかね。これが野球の面白いところだと思います。チームが勝てばそれでいいかというと、全然そんなことはないですよね。個人として結果を残さないと、生きていくことはできないですよね。本来はチームとして勝っていればいいかというと、チームとしてのクオリティーは高いので、それでいいかというと、決してそうではない。その厳しさが面白いところかなと。面白いというか、魅力であることは間違いないですね。あとは同じ瞬間がない。必ずどの瞬間も違うということ。これは飽きがこないですよね】

これは、わからないことはないが、外野手らしい発想といえる。捕手をやれば、そんなことは考えられない。若手の時に間違った教育を受けてしまい、間違った野球を教わってしまったとしか言いようがない。

弱いチームにいると、個人記録に走りがちになる。優勝の可能性が少なくなると、年俸アップのために成績を上げるしかない。ところが面白いもので、個人記録に走るよりも、チームプレーに徹したほうが、個人記録は伸びるものだ。

前述したように、イチローは自分が打つことでチームを盛り上げるという発想で、チームのためという姿勢はあまりないように映る。しかし、団体競技というのはそういうものではない。

打席に入る時には、目標を立てる。塁に出るのか、最低でも走者を進めるのか、走者を還すのか。目的のない打席はない。ところがイチローの場合はどんな状況でもヒット狙い。それで7割、8割打てるのなら構わないが、イチローでもそんなことはできない。

イチローはよくセーフティバントを狙うが、これは走者を進めるのではなく、自分も生きて安打にするためのものだ。

野球は7割のアウトをいかに有効に使うか。それには進塁打や犠打、犠飛といった自己犠牲の精神が大事になってくる。

「アマチュアとプロの壁」問題の解決を

【アマチュアとプロの壁というのが、日本は特殊な形で存在しているので。（中略）極端に言えば、自分に子供がいたとして高校生であるとすると、教えられなかったりというルールですよね。そういうのって変な感じじゃないですか。（中略）それは小さな子供なのか、中学生になのか、高校生になのか、大学生になるのかはわか

らないですけど、そこ（指導）には興味がありますね】

高校野球には興味があると話していたが、それは本心なのだろうかと思う。謙虚に言っているだけで、高校野球の監督がやりたいなら、プロの監督もやりたいのではないだろうか。

私も社会人野球のシダックスで3年間監督を務めていたが、アマチュアの選手は純粋で何でも言うことを聞くからやりやすい。高校生や大学生なら、なおさらだろう。アマチュアはプロと違って、お金が絡まない。人間は金が絡むと、いろんなことが変わってしまう。

私は今年の6月5日に学生野球資格回復の面談を受け、学生野球の指導が可能になった。通常はプロとアマの研修を受けなければならないが、野球殿堂入り顕彰者は研修会の受講が免除されるそうだ。私ももう84歳で、今から高校野球の指導は難しい。もう少し早くこの制度があればよかったのにと思う。

私は一軍でプレーできるとは思っていなかったので、プロで野球を勉強して、故郷の峰山高校で監督をやろうと夢見ていた。

京都で甲子園に出るのは、京都市内の高校ばかり。私の頃は今でも常連の平安高(現龍谷大平安高)や山城高といった学校ばかりで、丹後地域の学校は出たことがなかったので、何とか私が果たしてみたいという思いがあった。

丹後は天候が悪すぎて、練習も満足にできない。郡部の高校でも甲子園に行けるという前例を残したかった。

峰山高校は私が主将兼監督。野球のわからない先生に名前だけの監督になってもらっているようなチームだった。練習メニューも作っていたが、どういう練習をすればいいのかもわからなかった。平安高校まで見に行ったこともあった。それでは勝てるわけがない。

グラウンドは内野だけがやっとの狭さ。外野手は練習する場所もなかった。グラウンドの広い、小学校や中学校まで借りに行っているような有様だった。

息子の克則(現楽天二軍バッテリー兼守備作戦コーチ)が高校や大学の時は、プロアマの問題が厳しかった。私はヤクルトの監督になる前の評論家時代に、中学生のシニアチーム「港東《みなとひがし》ムース」（現在は解散）を創設。中学時代は直接指導することともできた。

しかし、イチローの指摘どおり、高校生を直接指導することはプロアマ協定で禁じられていた。克則は高校、大学で寮に住んでいたが、家に帰ってくるのも気を遣っていたほどで、私もこんなおかしな制度はないと、憤慨していたものだ。

近年はだいぶ緩和されてきたとはいえ、まだ障害は多い。もしもイチローが高校生を指導したければ、マリナーズを退団し、プロとアマの研修会を受けなければならない。イチローがそういった問題を気にしてくれるなら、実際に動いて、問題を解決していってもらいたいものだ。

イチローの苦しみは理解できなかった

【子供の頃からプロ野球選手になることが夢で、それが叶って。最初の2年、18、19の頃は（中略）一軍に行ったり二軍に行ったり。（中略）そういう状態でやっている野球は結構楽しかったんですよ。1994年、3年目ですね。仰木監督と出会って、レギュラーで初めて使っていただいたわけですけども、この年まででですね、楽しかったのは。あとは、その頃から急激に番付を上げられちゃって、それはしんどかったです。やっぱり力以上の評価をされるというのは、とても苦しいですよね。（中略）やり甲斐があって、達成感を味わうこと、満足感を味わうことはたくさんありました。じゃあ楽しいかというと、それとは違うんですよね】

イチローは引退会見で、思わぬ苦悩を口にしていたが、これは私には理解できない。私はずっと楽しかった。

もともとストレスを感じる性格ではないが、野球をやっていて楽しくないと思ったことは一度もない。選手でも監督でも苦しさやストレスなど感じず、楽しみながらやっていた。

捕手はポジションが1つしかないので、若い頃はライバルがとても気になった。レギュラーになっても、強肩の捕手が入ってくると「レギュラーをとられるのではないか」、「追い抜かれるのではないか」と気になったものだ。

私は4年目に30本で本塁打王を獲って「これでいける」と思ったが、そこに心のスキができて、5、6年目はダメだった。

外野手はポジションが3つある。しかし捕手は1つしかない。自分よりいい選手が出て来たら出番はない。イチローは試合に出られなくなるという不安はなかったはず。優勝争いを演じたこともほとんどないのだから、200安打を打てなかったらどうしようと、苦しかったのはそこだけではないだろうか。

私は選手でも監督でもストレスなど感じたことがない。好きなことをやっているのだから楽しかった。

左投手は変わっている人が多い説は本当か

【いろんな選手を見てきたんですけど。左投手の先発って変わっている子が多いんですよ、本当に。天才肌が多いとも言える。アメリカでもまぁ多い】

これには同意する。アメリカだけでなく、日本の左投手の先発も変わっている人が多い。

メジャーリーグに行った選手の中では、ドジャースなどの石井一久、ヤンキースの井川慶がいる。ヤクルト、阪神の監督時代の選手で若い頃からよく知っているが、確かにともに変わっている。

私の現役時代で筆頭といえば金田正一さん（元国鉄、巨人）。江夏豊（元阪神、南海など）、鈴木啓示（元近鉄）などもその典型だろう。右利きでこれだけ変わっている人を探してみても、ちょっと見当たらない。投手ではないが、マジメな人に見える王貞治も、実は変わっているのではないだろうか。

利き腕と脳は関係があるそうで、人間には左脳と右脳があり、神経が途中でクロスし、左利きは右脳、右利きは左脳をよく使うといわれている。

左脳は理性や論理、右脳は感性をつかさどる脳で、左投げの人は感性に優れている。変わっているのは、そういう関係もあるのだと思う。

投手は小さい時からエースで「地球は自分中心に回っている」という、お山の大将のような性格が多い。みんな、わがままだ。

イチローは引退会見で、マリナーズの菊池雄星と開幕戦のため日本へ帰国した時の服装を話し合い、「さすがにジャージではダメだろう」と同意していたのに、「まさか羽田着いた時に、あいつジャージでしたからね。いや、こいつ大物だなって、ぶったまげました。(中略)やっぱり左投手は変わったヤツが多いなと思いました。スケール感は出てました」と明かしていた。

このように左投手は、どこか抜けているところもある。石井と井川もこういうタイプに近い。

氏《うじ》より育ちという言葉がある。家柄や身分よりも、育った環境のほうが人柄に強い影響を与えるという意味だが、やはり育ちが8割、氏は2割といったところ。育ちが人間形成には大きく影響する。

鈴木啓示が、阪急と優勝争いしている試合で登板しなかったことがあった。当時の西本幸雄監督に「何で投げさせなかったんですか?」と聞くと、「そうやろ。わかってるんだけど。あいつ投げないんだよ。おまえが言ってくれ」と頼まれた。

「何で俺が言わないといけないんだ」と思いながらも、鈴木をつかまえ、球界のために「エースというのは、勝ち星を重ねればいいというものではない。それは違うぞ。チームの鑑として、苦しい時に投げるのがエースじゃないのか」と諭した。

すると鈴木は、「無理して投げて肩を壊したら、誰が面倒見てくれるんですか?」と返してきた。私は「こら、あかんわ」と呆れたが、そういう発想も左投手ならではなのかもしれない。

イチローとは真逆の「亀理論」

【多分、明日もトレーニングをしていますよ。それは変わらないでしょうね。僕はじっとしていられないから。動き回っているでしょうね。だから、ゆっくりしたいとか、全然ないですよ。全然ない。多分、動き回ってます】

これは私と真逆の発想だ。私は27年間、45歳までプレーし、体を酷使。特にキャッチャーは、毎日何度も立ったり座ったりするので、腰や膝がボロボロになっていた。引退した時に「もう金輪際、体は動かさない」と宣言し、「亀理論」を掲げた。

長生きの生き物は何かと考えたら、亀を思いついた。亀はじっとしていて動かないから長生きだと聞いた。それを真似したわけだ。

引退後に、健康のために朝からウォーキングやランニングをしたりする人が多いが、あんなものは心臓に負担がかかるだけで、体にいいとはとても思えない。

今の楽天は2月の久米島キャンプで朝の散歩と体操で、選手に今年の目標を大声で叫ばせているが、私が監督の時はやらせていなかった。私はゴルフもやらないので、本当に動かなかった。そのおかげか、84歳になった今でも元気に過ごすことができている。

本当にやったかどうかは知らないが、引退会見の翌日に動き回っている人など聞いたことがない。そんなに元気があり余っているのなら、どんな形でもいいから現役を続ければよかったのではないかと、思わずにはいられない。

第4章　イチローは今後どうすべきか

「イチロー監督」がどんな野球をやるのか見てみたい

イチローは引退会見で、今後について「監督は絶対無理ですよ。絶対がつきますよ。人望がない。本当に。人望がないですよ、僕。（中略）それぐらいの判断能力は備えているので」と話していた。

これは本心なのか。あるいは謙遜なのか。イチローとはほとんど面識がない私にはわからないが、見るからに向いていなさそうな感じはする。

引退後のイチローは、マリナーズの会長付特別補佐兼インストラクターに就任した。普通ならしばらくゆっくりしたいと考えるもの。来年のキャンプからでもいいのに、1カ月とじっとしていられなかった。

インストラクターの肩書きでコーチのようなことをやっているが、こういう光景を見ると「本当は監督をやりたいんじゃないのか？」と思わずにはいられない。

球界は指導者、後継者不足、人材難が深刻。我々評論家ばかりか、ファンから見ても首を傾げざるを得ないような人が、監督になっている。

全体を見渡しても「この人に監督をやらせたい」、「監督になったら面白い」と思うような人材もいない。野球界全体が、プロ野球のあり方、どうあるべきかを真剣に考えないといけない。

これではプロ野球のレベルは下がっていくばかり。イチローはプロ野球の将来のために、監督をやらなければダメだ。イチローが監督になったらどんな野球をやるのか見てみたい。想像もつかないから、興味がある。

落合博満が中日の監督になった時に、「180度違った野球をします」と豪語していた。どんな野球をやるのか楽しみにしていたが、やる野球は至ってシンプルなもので、拍子抜けしたことを覚えている。

自分がよく練習したそうだから、落合がやらせたように、朝から夜まで猛練習をさせるのだろうか。

かつて男が憧れる三大職業は、連合艦隊の司令長官、オーケストラの指揮者、そしてプロ野球の監督といわれていた。野球選手をやっていれば、なおさら監督をやりたいと思うはずだ。

「最後は恩返し」という思いはないのだろうか。あれだけの実績を残して、社会的な評価もある。お金だって貯まっているだろう。まだ若いが、残りの人生は自分から離れて、世のため人のためと思ってやってほしい。自己中心という考え方はやめてもらいたい。

メジャーリーグではスター選手は監督にならないそうだ。確かに、デレク・ジーターやケン・グリフィー、カル・リプケンといった殿堂入りするような実績を残した選手が監督というのは聞かない。

金本知憲は引退した時に、「監督業に興味があります。プロ野球ではなく、大学の監督をやってみたい」と話していたが、引退から4年後にあっさり阪神の監督に就任している。

しかし、今のイチローはどう見ても組織の上に立つ、リーダーのタイプには見えない。監督やコーチといった指導者もやらないと言っているのは、それはそれである意味正解かもしれない。

謙虚な姿勢も足りないように見える。功は人に譲る。手柄を人に譲るという性格ではない。〝俺が俺が〟というように見える。そういった姿勢ではダメだ。

国民栄誉賞を断った理由も何なんだろうと思う。「人生の幕を下ろした時に頂けるよう励みます」というコメントもイチローらしいといえる。

国民栄誉賞第一号の王貞治が「大変な賞をもらってしまったので、何もできない」とこぼしていたことがある。もっとも王は、賞をもらってももらわなくても、おかしなことをする人ではないだろうが、その王がそんなことを言うぐらい、名誉であり、同時に重荷でもあるのだろう。

イチローや松井が監督をやらないというのは、我々の世代だとONが監督をやらないというのと同じ。そんなことは許されないし、何よりファンが納得しないはずだ。

プロ野球は人気商売なのだから、イチローがユニフォームを着れば盛り上がる。ツベコベ言わないで、野球界のために監督をやってもらいたい。

松井秀喜は監督をやるべきだ

松井秀喜のメジャーリーグ移籍は、イチローとまったく違った。イチローはポスティングシステムだったが、松井はＦＡでヤンキースに入った。

日本一の人気チームである巨人の４番を捨てて、メジャーリーグへ移籍するのは、ある意味で衝撃だった。実際に松井は会見で、「何を言っても〝裏切り者〟と言われるかもしれないけど、いつか『松井は行ってよかった』と思われるように頑張るしかない」「中途半端な気持ちではいけないと思う。命がけでやります」と悲壮感漂う顔で、メジャー移籍への決意を語っていた。

巨人の４番を打った日本一の打者として、絶対に失敗することはできないというプレッシャーは、並大抵ではなかったはずだ。そこがパ・リーグのオリックスでプレーしていたイチローとは、大きく違う点だといっていい。

イチローと違って謙虚な松井は、監督ができると思う。性格は正反対といっていい。リーダーとしての器の大きさがある。

ところが２０１２年の現役引退から早くも7年目。一向にユニフォームを着る気配はない。そもそも高橋由伸が巨人の監督になったのは、松井が断ったからといわれている。

プロ野球の監督は誰もが憧れるもの。まして巨人の監督だ。それをやりたくないというのだから、珍しいし、そもそもそんな人は聞いたことがない。自分は監督の器ではないとでも思っているのだろうか。

自分は巨人から出ていった人間だと、巨人を捨ててヤンキースに行ったことを気にしているとも聞くが、そんなことは関係ない。

お金もたくさんあるだろうし、長嶋茂雄と一緒に国民栄誉賞ももらった。今さら苦労をしたくないという思いがあるのだろうか。巨人の監督は負けたら叩かれる。しんどい思いをするなら、やる必要はないと思うのは無理もない。

巨人キャンプの臨時コーチや、18年には日米野球のコーチを務めたが、監督をやるのは嫌なようだ。

巨人は歴史的な危機に陥っている。4年もリーグ優勝から遠ざかり、人気も下降し、テレビの地上波中継もたまにしかない。原辰徳がわずか4年で、三度目の登板をするぐらいだから、よほど人材がいないのだろう。

巨人にとって松井は、切り札といってもいい存在だ。そんな古巣を放っておいていいのか。

現役時代の実績は申し分なく、日頃の言動を含め、監督が「松井を見習え！」と言える模範的な選手だった。何より名門ヤンキースで何年もレギュラーを張ってきた、誰にも負けない経験がある。それを後輩に伝えていかなければいけない使命が松井にはある。

引退後は、ヤンキースのGM特別アドバイザーとして、春のキャンプや、ニューヨーク近郊のマイナーリーグに顔を出して、たまに指導をするだけのようだ。19年で45歳になったそうだが、ずっとこのままの生活を続けていくつもりなのだろうか。監督をやるには、一番いい年齢に思える。

監督になるのなら、メジャーリーグのチームと思っているのかもしれない。アメリカはどんなスター選手でも、いきなり監督になることはない。マイナーリーグのコーチから指導者の実績を積んで、メジャーに昇格する。

それならば松井も、しっかりマイナーリーグのコーチに就任して、指導者としてのキャリアを積んだほうがいい。どこのチームでもいいから、世のため人のために、早くユニフォームを着てほしい。

外野手出身のイチローは名監督になれるか

私は「外野手出身に名監督はいない」を持論にしているが、くしくもイチローも松井秀喜も外野手だ。果たして、将来は名監督になることができるのだろうか。

プロ野球の歴史上、外野手出身で日本一監督になったのは、01年の若松勉が第一号。それまでは1人もいなかったというのも、外野手出身監督の人数からすると考えられない少なさだ。

若松は私の後任で、財産をそのまま引き継いでの日本一だった。それも01年だけで、2年と続かなかった。

その後のロッテの西村徳文監督や、ソフトバンクの秋山幸二監督は、若い頃は内野手で、俊足を生かすため外野に回っている。他には日本ハムの栗山英樹がいるだけで、名監督とは言い難い。

イチローはそういったことをわかっていて「監督をやらない」と言っているのだ

ろうか。

「名選手、名監督にあらず」とよく言われるが、日米ともにそれは少なからず当たっている。

みんな自分を基準に見る習慣がある。簡単にいえば、打者が凡打すると「何であんな球を打てないんだ。俺なら打てるのに」と思ってしまう。しかし、へぼな選手は、なかなか打てない。そこにギャップが生まれる。

評価の水準が高すぎる。名選手が監督になると上手くいかないのは、そういうところにもある。プライドが高く、自分のレベルを選手と同じ目線まで下げることができない。

よく、自分ができなかったことを選手に強要する監督がいるが、私はそんなことは一切言えなかった。自分ができないことは、選手にもできるわけがない。

落合博満が中日の監督の時に、「文句があるなら、俺の数字を超えてから言え」と選手に言っていたそうだが、私はそんな発想もなかった。

私は自分では名監督だと思わないし、世間がどう評価してくれているのかも、よくわからない。監督通算１５６５勝は歴代５位のようだが、これは若い時から長くやらせてもらっただけにすぎない。

外野手出身で最も勝利しているのは、別当薫さんの１２３７勝１１５６敗１０４分け。４球団で20年間監督を務めたが、毎日オリオンズ（現ロッテ）と大洋ホエールズ（現ＤｅＮＡ）の２位が最高で、リーグ優勝することはできなかった。

外野手出身のイチローや松井秀喜に、ぜひ私の持論を覆してもらいたいものだ。

処世術は満点、星野仙一に負けない〝ジジ殺し〟

今は能力よりも処世術に長《た》けた人が監督になっている。オーナーや球団社長は親会社の社長など偉い人で、野球の専門家ではない。そうなると、能力よりも、明るい、軽い、イメージのいい人が監督に選ばれてしまう。みんな共通している。

私はいい時代に監督をやった。今の時代は私のような暗い、重いタイプは監督として声がかからない。オーナー連中は私など眼中にないのだろう。

昔はプロ野球も学歴社会だった。監督になるのは、東京六大学をはじめみんな大卒ばかり。高卒で監督になったのは巨人の川上哲治さんぐらいだが、あの人は打撃の神様だから特別。田舎の高校しか出ていない私は、絶対監督などなることはないと思っていたが、35歳だった1969年オフに南海の川勝傳オーナーに頼まれて、選手兼任として監督をやることになった。

私は処世術がまるでダメ。偉い人にゴマを擦ることができない。妻の沙知代には「あなたが処世術が上手かったら、ビルの1つや2つ建っていたのに」とイヤミを言われたものだ。

ところで、イチローの処世術はどうなのだろう? インタビューなどで、人を小馬鹿にした仕草や態度を取っているように見え、自分は特別で、他の人とは違うと思っているところが伝わってくる。

オリックス時代の監督だった仰木彬や、長嶋茂雄には可愛がられていたようで、第1回WBCで監督だった王貞治のことは特別視しているが、私にはあいさつすらしてこない。

しかし、オリックスの宮内義彦オーナーとは毎年オフに会っているそうで、CM

出演を続けている。また、地元愛知のトヨタ自動車の豊田章男社長とも親交があり、マリナーズのオーナーで2013年に亡くなった任天堂の山内溥《ひろし》社長は、イチローが年間最多の262安打を打ったお祝いとして、自身が保有していた任天堂の株式5000株、5815万円相当を贈呈したという。

また巨人の元オーナーで、読売新聞社の渡邉恒雄主筆は、イチローが大のお気に入りだ。

06年の第1回WBC日本代表壮行会で、「(巨人の)監督になってもらいたいね。イチロー君と話していると勉強になる。野球選手としてだけでなく、人間的にも素晴らしい」とベタボメしていた。

12年にマリナーズが日本で開幕戦を行った時の歓迎レセプションでも、「イチロー君の哲学、美学、心理学、経営学、政治学。すべて理論的なことをイチロー君に教えられたよ。巨人の監督になってくれって頼んだんだ。凄い男だよ」とラブコールを送っている。

ラジオ番組に出演した際には、「松井秀喜とイチロー。巨人に迎えるなら、どちらか？」と質問され、「僕はイチロー君」と即答している。

こういった話を聞くと、処世術は満点。押さえるところは押さえ、ゴマを擦るところには、しっかり擦っている。

あの星野仙一に負けないほどの〝ジジ殺し〟で、本人にやる気があれば、監督のオファーはすぐに届くだろう。

解説者としてネット裏から野球を勉強してほしい

私は引退後、野球評論家としてテレビやラジオの解説者になったが、あれは大変勉強になった。

ネット裏の放送席に座ると、マスクをかぶっている時や、ベンチから見えなかったものが、本当によく見える。「現役時代にこれぐらい野球が見えたら、もっとマシな捕手だっただろうな」と痛感したものだ。

解説者が好き勝手なことを言っているのを聞いて、ファンの人は「何だ、おまえは現役の時どうだったんだよ！」と言いたくなるだろうが、グラウンドではできなかったことが、解説者になるとわかるものなのだ。

捕手として見る野球、ベンチから見る野球と、ネット裏から見る野球ではまったく違う。ユニフォームを着ていると見えないものが、脱ぐとよく見える。

人間には欲目というものがある。勝ちたい、打ちたいという欲が出る。欲から見る判断力と、欲から離れた判断力では、まるっきり違う。「何でこんなことが見えなかったんだろう？」と思うこともあるが、欲から離れることで、冷静な判断力が生まれてくる。

一歩引いて見るのと、近くから見るのでは違うということだ。一歩引くと視野が広くなるのだから、不思議なものだ。

そもそも野球のベンチは、位置が悪いと思う。どこの球場も一塁側なら左打者の背中、三塁側なら右打者の背中が見えるような位置にあるが、なぜあのようになったのか。

捕手の真後ろが一番よく見える。あそこにベンチが変われないかと、何回も思ったことがある。

実際にヤクルト監督時代の1995年3月23日、ダイエー（現ソフトバンク）とのオープン戦で、神宮のネット裏スタンドから采配を振るったこともある。試合は5－4で逆転勝ちし、「将来はネット裏に監督室を作って、そこから采配ができるようになればいい。ここからやれば、広い視野ですべてがよく見えるから、間違いも少なくなる。相手が動いてくるという雰囲気や、味方の手抜きもわかる。困ることはほとんどなかった」とコメントしている。

ところが、ベンチのコーチとは無線で話したが、ベンチのムードがわからない。公式戦ではベンチに入らなければいけないため、その1試合しかやらなかったが、ネット裏のほうが見やすいことを改めて確認することができた。

89年のオフに、突然ヤクルトの相馬和夫社長が自宅を訪れ、監督就任を要請された。セ・リーグなど縁もゆかりもないので驚いたが、私の解説を聞いていて「これが本物の野球だ」と感銘を受けてくれたそうだ。

それを聞いて「見ている人は見ている。いい加減な仕事はできないな」と痛感したものだ。一生懸命やっていれば、必ず誰かが見ている。

私はイチローと94年、巨人と西武の日本シリーズ第3戦で一緒に解説しているそうだ。もっともこの時は、テレビ局もまだ景気がよかったのか、オリックス監督の仰木彬や、稲尾和久、東尾修、板東英二、ヤクルトの古田敦也ら解説が10人もいたそうで、イチローのことは覚えていない。

イチローはレギュラーになって1年目で、まだ21歳だったが、放送席に座ったのはこの時の一度きりだそうだ。解説をやることは決してマイナスにはならない。日本の野球でなくても、メジャーリーグでも何でもいい。お高くとまっていないで、ネット裏から謙虚な姿勢で、もう一度野球を見直してもらいたい。

指導者になるには本を読め

私は現役を引退してから本を読むことを心掛けた。どんな本でもいい。本は知識の宝庫。野球選手は活字から遠ざかっている。まずは活字に接することだ。

これから指導者になるうえで、さまざまなことを勉強していかなければいけない。体力・気力・知力。その中で野球選手が一番劣っているのが知力だ。野球界は野球バカばかりで知力がない。京都の田舎の高校しか出ていない私が「頭脳派」、「理論派」などと呼ばれるのだから、お恥ずかしい限り。野球界は無知無学ばかりで、一般社会からみたら最下層のレベルといってもいいのではないか。

私は「野球選手は引退してからの人生のほうが長い」とミーティングで指導してきた。やはり野球バカでは恥ずかしい。だから本を読んで、自分を磨いた。

例えばミーティングの時に、選手の前でちょっと気の利いたことを言えば、選手の心に響くものだ。「信は万物の基となす」ではないが、選手との信頼関係をいかにして築くか。選手が気づかないことを話し「監督はよく勉強している。知識が豊富だな」と思わせることが、信用、信頼につながっていく。

監督というのは一歩も二歩も先に進んでいなければいけない。そういう自覚が必要だ。

「この監督の言うことを聞いて、ついていけば勝てる」と思わせればしめたもの。ヤクルト時代はそうだった。

私が5大監督と呼んでいる、巨人V9の川上哲治さん、南海の鶴岡一人さん、西鉄などの三原脩さん、巨人などの水原茂さん、阪急、近鉄などの西本幸雄さんは、みんな選手から尊敬されていた。

川上さんはオフになると福井県にある永平寺で坐禅を組み、修行を欠かさなかったそうだ。ミーティングでは野球の話よりも「人間学」、「社会学」に力を入れ、それを聞いた私も真似をさせてもらったが、野球人である前に一社会人であることを実践していた。

己に厳しくなければ、どんなに凄い戦力があっても、9年連続日本一といった金字塔は成し遂げられないということだろう。

野球選手は飛行機や新幹線の移動の時も、マンガを読んでいたり、スポーツ新聞か週刊誌というレベル。そんな中で唯一、熱心に本を読んでいたのが古田敦也だった。

古田は「たまたま読んでいたのに、監督に褒められたので、それから週刊誌とマンガが読めなくなった」と謙遜していたが、そんな選手は見たことがなかったので、素直に立派でしっかりしていると思った。プロ野球選手はそういった面でも一社会人であるという自覚がほしい。

古田は2年で辞任し、監督では成功することはできなかったが、本を読むことは決して無駄ではない。イチローにも勧めたい。

さらに流出危機でどうなる日本のプロ野球

今後も日本人選手のメジャーリーグ流出は、歯止めがかかりそうもない。日本のプロ野球の将来が心配になってくる。

一流が一流を育てる。それで日本のプロ野球は発展してきた。V9巨人の長嶋茂雄、王貞治が日本のプロ野球のレベルを上げ、たくさん選手を育ててきた。

江夏豊、村山実(ともに当時阪神)、平松政次(当時大洋〈現DeNA〉)らセ・リーグの投手は、ONを抑えようと必死になった。

イチローに打たれてたまるかと、伊良部秀輝(当時ロッテ)や松坂大輔(当時西武、現中日)が立ち向かい、相乗効果で全体のレベルが上がっていった。

近年パ・リーグが強いのも、ダルビッシュ有(当時日本ハム、現カブス)、岩隈久志（当時楽天、現巨人）、田中将大（当時楽天、現ヤンキース）、大谷翔平（当時日本ハム、現エンゼルス）といった好投手を攻略しようと、打者のレベルも上がっていったからだ。ところが、一流投手はみんなメジャーリーグに移籍してしまった。

野茂英雄がドジャースに移籍して、早いもので25年が経った。プロ野球はどこの球場もよくお客さんが入り、パ・リーグは私が現役の頃では考えられないほどだが、近年はスター選手が減ってきている感がある。

2019年には菊池雄星がマリナーズに移籍した。今後も一流選手のメジャーリーグ流出が続くはずだ。

巨人の菅野智之、ソフトバンクの柳田悠岐、千賀滉大、楽天の則本昂大、西武の秋山翔吾、DeNAの筒香嘉智、広島の菊池涼介もメジャー志向が強く、近いうちに日本球界を去ることになりそうだ。

そんなことがあれば日本球界は空洞化してしまう。一流選手がみんないなくなったら、日本のプロ野球はどうなってしまうのか。不安でしょうがない。

「野球とは」を考えてもらいたい

イチローはどんな野球哲学を持っているのだろうか。

私は「とは理論」を提唱している。「打撃とは」、「外野手とは」、「盗塁とは」、「仕事とは」、「人生とは」。何でもいい。自問自答し、答えていくことで、考えが深まっていく。

そして「野球とは」と聞かれたら、イチローは何と答えるのか。正直言って、どんな答えが返ってくるのか、想像もつかない。ぜひ聞いてみたいものだ。

引退会見の中で「貫いたこと」を質問され、「野球のことを愛したことだと思います。これは変わることはなかったですね」と答えている。もしかしたら、これが近いのかもしれない。

私は「野球は頭のスポーツ」と言い続けている。一流選手なら、それぞれ独自の野球哲学があるはずだ。

野球の一番の魅力は、弱者が強者を倒せる。そういう特徴がある。なぜ、それができるのか。頭を使うからだ。

野球は1球投げて休憩、1球投げて休憩。この休憩が何のためにあるのか。次のプレーへの備え、狙い、戦術を考える時間が与えられている。それが野球の一番の特徴だ。あれだけ間の多いスポーツは他にあまりない。そこを考えろというのが、私の指導法の中心になっている。

考えて野球をやらなければ、同じ失敗を繰り返してしまう。しかし天性だけでやっている選手が多い。

楽天監督時代のミーティングで、前の席に座っていた若い選手に「野球とは？」と聞かれたら何て答えるんだ？」と質問すると、「考えたことありません」という答えが返ってきた。

「じゃあ今ここで考えろ」と答えさせたが、プロなのにそこまで考えている選手は少ない。野球を職業にしているのだから、しっかりした答えを用意していなければいけない。

もしもイチローが「野球とは」を考えたことがないのなら、引退したのを機に一度じっくり考えてもらいたい。

第5章　イチローと対戦した日本シリーズ

メディアを使った陽動作戦が大成功

忘れられないのは、何といっても1995年、私が監督だったヤクルトとオリックスの日本シリーズだ。これが私とイチローの、唯一の真剣勝負だった。

イチローは前年の94年に打率3割8分5厘で首位打者を獲得し、年間210安打の日本記録を達成。この年はさらに力をつけ、打率3割4分2厘で、80打点。本塁打も25本打ち、首位打者と打点王の二冠を獲得し、オリックスを11年ぶりのリーグ優勝に導いた。

一方、ヤクルトは2年ぶりのリーグ優勝。私が監督になってからは三度目の日本シリーズ出場で、その点では有利だった。

マスコミは「野村ＩＤ野球VSイチロー」と盛り上げた。イチローはチームの中心なので、打たせるとムードも勢いも出てくる。日本一になるには、何とかイチローを攻略するしかなかった。

ヤクルトのスコアラーにオリックスの偵察に向かわせたが、「イチローがすべて。イチローしかないチーム」という報告が上がってきた。つまりイチローを抑えれば勝てるということだ。

ところが肝心の攻略法は、「ありません。打たれるのを覚悟してやって下さい」とお手上げ。「どういうことだ。俺に負けろということか！　もう1回偵察に行って何でもいいから見つけてこい」と丸裸にすることを指示した。

ヤクルトは安田猛、佐藤博ら優秀なスコアラーが揃い、データ重視の「ＩＤ野球」を掲げる私の高度な要求にも応えてくれていた。シーズン中は「うちの殊勲甲《しゅくんこう》（一番のお手柄）はスコアラー」と何度も賛辞を贈ったほどで、当時は他のチームではやっていなかったようなデータを出し、助けてくれた。

ところが、その12球団一のスコアラー陣が見ても、イチローの弱点は見抜けない。

正直言って、私が映像を見ても、同じだった。

これは困ったと考え出したのが、私が現役時代に得意としていた「ささやき戦術」。要は口しかなかった。

テレビ番組に出れば「イチローの攻略法は見つかりましたか？」と必ず聞かれる。古田敦也ら選手には「嘘を言ってくるから、耳をふさいでおけ」とマスコミを利用した心理作戦に打って出た。

シリーズ前にホテルで4日間の合宿を張り、連日2時間のミーティングを敢行。普通は2時間の間に、何人かの選手を取り上げ、強いコースや球種、弱点を徹底的に分析する。ところが、初日はイチローだけで2時間を費やしてしまった。

当時の映像を見ると、私だけスーツを着ている。ミーティングなど普段着やジャージでいいのに、ネクタイを締めているということは、終了後にテレビ出演が控えていたからだろう。

「どうせ打たれるのなら、外角中心で打たれるよりも、内角中心に攻めて向かって行け」

「イチローの弱点は内角。あの落合(博満、当時巨人)にも通用したのだから、イチローにも通用する」

「イチローを封じるには内角を攻める以外ありえない。内角を攻める。内角を活かす。内角を意識させる」

しかし、実際に攻めるのは外角を中心とした高めだった。

イチローだって気になるはずだから、私が出演しているテレビを見ていたはず。見ていなくても取材に来ているオリックス担当記者から「野村監督は内角を攻めると言っていますが？」と必ず質問されて、耳に入ることを計算していた。

「打つのは野村以下、足は緒方以下」と当時ヤクルトが苦手にしていた広島の野村謙二郎（前監督）、緒方孝市（現監督）を引き合いに出し、自軍の選手には恐れることはないと暗示をかけた。

当時のイチローは右足を大きく上げる「振り子打法」だったが、日本シリーズ開幕前日の監督会議で「イチローの右足は打席から出ているからアウトだ」、「イチローは打席のラインを消している。もしも消したらタイムをかけて、もう一度引き直させる」などと、陽動作戦も仕掛け、徹底して揺さぶった。

イチローにも効いた高低の揺さぶり

イチロー攻略法の1つに、球威のある投手は高めのボールを使い、誘うというものがあった。配球は対角線を使うことが基本になる。内角低めと外角高め。内角高めと外角低め。いくら選球眼がよくても、内外角よりも高低の見極めは難しい。ベースの上を通る球の見極めが実は一番難しいのだ。

長いこと捕手をやって感じるのは、外に逃げるスライダーなど横の揺さぶりには、バットが止まり対応することができるということだ。縦の揺さぶりのほうが打者は手を出す。フォークボールを振ってしまうのは、そこにある。

私が捕手として対戦してきた中で、選球眼がナンバーワンだったのは毎日（現ロッテ）の榎本喜八だった。通算2314安打を放ち、31歳7カ月での2000安打到達は、現在でも最速記録だそうだ。日米通算だとイチローのほうが早いが、メジャーのほうが日本より年間で約30試合も多い。

その榎本でも高低をうまく使うと、ボール球でも手を出した。コースは遠いか近いかなので、よく見える。一方、高低はなかなか判断しづらい。

私が最初に打者に目をつけるところは、どのコースを一番苦しそうにしているかということ。空振りやファウルをしているところをみれば、だいたいわかるものだが、イチローは見つけることができなかった。

私が「原点」と称しているのが外角低め。ここにしっかり投げることができれば、打者から一番遠いところで、長打を浴びることは少ない。そこはみんなに共通する欠点でもあるが、一番打つのが苦しいのは胸元の内角高めだ。目に近いから打ちづらいのか、みんなそこの選球眼は悪い。見逃し三振も内角のほうが多い。

しかし第1戦で抑えたブロスも、第5戦では2安打されている。打者は誰しもそうだが、やはり慣れれば打つことができる。

打者は3割打って一流。つまり7割は失敗する。野球はボールを持っているほうが有利だ。好きなところに好きな球を投げることができるからだ。野球の主導権は投手が握っている証拠といえる。

イチローとの全打席を振り返る

日本シリーズが始まり、打席でイチローの対応を見ていると、体は開き、見逃し方を見ていても明らかに内角をマークした打ち方をしていた。打撃フォームを狂わせるには、内角をいかに意識させて、打撃で大事な壁をどう崩すか。それが一番の手になるので、それを基本に配球を考える。

配球は4ペアを使いこなす。
・内角と外角
・高めと低め
・ストライクとボール
・速い遅いの緩急
この配球の基本を組み合わせて、どう生かすかだ。

第1戦は身長205センチの大男・ブロスが先発。パ・リーグにはいないタイプだった。長身から投げ下ろす真っ直ぐは球威があるものの、緩い変化球が投げられず、緩急が使えない。実際、第1戦でイチローに4打席で投じた13球中、スライダーとカーブが1球ずつ。あとの11球は全部高めの真っ直ぐだった。

この日本シリーズを象徴するシーンとしてよく使われる映像が、1－0でリードした3回二死走者なしの第2打席だ。

初球はブロスがほとんど投げることのないカーブがど真ん中に。投手は緩い球を投げるのは勇気がいるが、最初からカーブを待っている打者はほとんどいないため、意外と見逃しでストライクを取れるものだ。これはイチローも例外ではなかった。

2球目は外角の真っ直ぐでファウル。そこから5球連続で高めの真っ直ぐ（5球目だけファウル）で攻め、フルカウントからの7球目、145キロのボール球になる真っ直ぐで空振り三振を奪った。

1回の第1打席は3球目の真ん中高め143キロの真っ直ぐで平凡なライトフライ。5回二死の第3打席は2球目の内角高め141キロの真っ直ぐでセンターフライと、いずれも球威で詰まらせた。

3－2でリードした7回一死一塁の第4打席は、初球の内角高め138キロの真っ直ぐを、どん詰まりで中前に落とされ初安打を許したものの後続を抑え、4打数1安打1三振で終えた。

第2戦の先発は左腕の石井一久。入団4年目で140キロ後半の真っ直ぐと大きなカーブの組み立てで、球威はあるもののコントロールの悪い荒れ球だった。

1回の先頭でいきなり死球。2ボール、1ストライクから4球目の141キロの真っ直ぐが抜け、右の肩口に当ててしまったものだが、これで十分内角を意識させることができた。

0－1でリードされた3回無死一塁の第2打席は、一転して外角ばかりを攻め、2ボール、1ストライクからの139キロ真っ直ぐで捕邪飛。5回二死二塁の3打席目にストレートの四球も、4、5打席目は伊東昭光と山部太が抑え、3打数無安打1三振に封じた。

イチローを封じ、敵地の神戸で連勝スタート。1勝1敗で御の字と考えていただけに、ここまでは大成功といえた。

結局イチローの弱点は見つからずに終わる

さすがイチローだと思ったのが、移動日を挟みヤクルトの本拠地・神宮に舞台を移した第3戦の時だ。1、2戦は成功したこの作戦も、「内角攻め」が嘘だということがバレ、対応してきた。打撃練習では高めを打つ練習ばかりをしていた。

第1、2戦は「1番・ライト」だったが、本拠地で連敗した仰木彬監督は気分転換も狙ったのか、ＤＨ制が使えない第３戦は「３番・センター」と、打順もポジションも変えてきた。

ヤクルト先発の吉井理人は、開幕直前に近鉄からトレードで加入し、前年に２１０安打を打ったイチローとは対戦経験があった。真っ直ぐが１４０キロ前半で、コントロールが生命線の投手だったが、前年までと違ったのは、野茂英雄直伝のフォークボールを習得し、決め球にしていた。

１回の１打席目こそフォークボールで３球三振に斬って取ったが、４回先頭の第２打席は、２ボール１ストライクからの外角高めの真っ直ぐを中前に弾き返された。１－０とリードした５回一死一、三塁の第３打席は、１ボールから２球目のフォークボールをすくい上げられ、ライトへ同点犠飛で初打点を記録されたが、ライトの橋上秀樹がジャンピングキャッチしたもので、あとひと伸びで逆転３ランという当たりだった。３打数１安打１打点。そこから作戦を練り直した。

私も気がつかなかったが、第３戦まで奪った９個のアウトのうち、フライが６個で三振が３つ。ゴロアウトが１つもない。

イチローといえば内野安打というぐらい、俊足にも警戒しなければいけない。フライばかり打ち上げていたのは、自分の打撃がまったくできていなかったということだろう。

第4戦で先発の川崎憲次郎はシュートを覚える前で、球威のある真っ直ぐが武器。イチローにもミーティングどおり真っ直ぐで押した。1回の第1打席で、初球をカーブで見逃し。2球目の内角148キロの真っ直ぐで投ゴロに打ち取ったが、4打席目までの13球中、12球連続で真っ直ぐ勝負した。

2回二死満塁の先制機は、4球目の内角142キロの真っ直ぐで二ゴロ。5回二死走者なしでは5球目の外角高め145キロの真っ直ぐで三飛と、力勝負に出た。

しかし、1―0でリードした7回二死一塁で、内角高めの真っ直ぐがボールになったあと、2球目の外角高め139キロの真っ直ぐを捉えられ、狭い一、二塁間を破る、ライト前へのクリーンヒットを浴びた。

1―1の同点に追いつかれた9回一死一、三塁のピンチは左腕の山部が、真っ直ぐ、カーブを交互に投げ、カウント2―2からの6球目、外角へのカーブが遊撃・

池山隆寛の真正面に飛ぶ痛烈なライナー。延長12回を戦い6打数1安打1三振と抑えたものの、イチローは完全に自分の打撃を取り戻しつつあった。

第5戦では中4日で二度目の先発となったブロスが、1回にカウント2－2から第1戦で空振り三振を奪ったのと同じ外角高めの143キロの真っ直ぐを踏み込まれて、右翼席に運ばれる先制ソロ本塁打を被弾。さすがイチロー。ブロスとの二度目の対戦では、同じ手は通用しなかった。

ブロスはイチローのソロ本塁打による1点だけに抑え、3－1とリードした8回のマウンドにも上がったが、初球145キロの高め真っ直ぐを右前打。このシリーズで初めて2安打された。

その試合は2回に池山、ミューレンの連続犠飛で勝ち越し。シーズンに続き日本シリーズでもMVPを獲得したオマリーが、5回に勝負を決めるソロ本塁打を放ち3－1で逆転勝ちし日本一。

4勝1敗で終わったからよかったが、オリックスの本拠地に戻る第6戦までもつれ込み、敵地の神戸に戻っていたら、どうなっていたか。もしかしたら、本来の調子を取り戻したイチローに打たれて、やられていたかもしれない。

古田敦也は「ミーティングで監督から言われたことを、全部やって成功しました。イチロー君を調子に乗せてしまうと、チーム全体がいいムードになるから、初戦を抑えることを第一に考えました」と喜んでいたが、結局イチローのこれといった弱点はわからずに、日本シリーズは終わってしまった。

決していいやり方とはいえないかもしれないが、イチローはそれほど凄い打者で、ヤクルトが日本一になるためには、こんな作戦に打って出るほかなかった。

イチローを2三振に封じた意外な投手とは

あのイチローを95年の日本シリーズで2打席2三振に抑えた投手がいる。当時32歳でベテランの域に差し掛かっていた伊東昭光だ。

これぞ意外中の意外。イチローとは格が違うといっていい。抑えるどころか、逆に2打数2安打されていてもおかしくない。その伊東がイチローに一番通用した投手だったのだから、これも野球の面白いところといえる。

伊東はこの年10勝8敗で防御率4・38。34試合中先発は13試合の起用で真っ直ぐも130キロ後半。ヤクルトの投手陣では一番スピードの遅い軟投派で、コントロールが生命線の投手だった。

しかし、逆球も多く、外角を狙った球がど真ん中に行くこともあり、私はベンチでいつも冷や汗をかいていたものだ。「伊東よ、何とか抑えてくれ」とひたすら神頼みしているような投手だった。

150キロのど真ん中と130キロの外角低め。野球というものは上手くできていて、どちらが打たれないかというと130キロでも外角低めは打たれないものだ。今は優れたバッティングマシンもあるので、速い球でも打者の目が慣れて、いとも簡単に弾き返されてしまう。

投手は速い球を投げることに憧れる。打者は特大の本塁打を打つことを夢見て目標にするものだが、大切なのはコントロールだ。

伊東の投球内容を振り返ってみる。

第2戦（神戸）は0－2でリードされた7回二死走者なし、初球はフォークから入りボール。外角スライダーでストライクを取り、2球連続で内角スライダーがボール。5球目の内角シュートで空振りを奪いフルカウントとすると、6球目の内角高めの真っ直ぐでファウル。7球目の132キロの内角スライダーで空振り三振に斬って取った。

第4戦（神宮）は1―1の延長11回二死走者なし。初球は外角高めの真っ直ぐでボール。内角スライダー、内角フォークで2ストライクに追い込むと、4球目は内角高めに真っ直ぐでボール。5球目の真ん中低めのスライダーでファウルのあと、外角いっぱい121キロのスライダーで空振り三振に仕留めた。

古田敦也は真っ直ぐを見せ球にして、低めの変化球を駆使。お手本のようなリードで、伊東のいいところを十分に引き出した。

伊東は「球の速い投手は、高めの真っ直ぐが有効というデータはあったけど、速い球は投げられないので、自分の持ち味に徹した」と振り返っていたそうだ。

もちろん、古田のサインどおりに投げることができたヤクルトの投手陣は素晴らしかった。ブロス、川崎憲次郎といった真っ直ぐに力のあるタイプや、吉井理人、伊東などの軟投派。左腕の石井一久、山部太。そしてサイドスローの高津臣吾と、バラエティーに富んでいた。これが5試合で19打数5安打、2打点、1本塁打、5三振、4四死球と、イチロー封じに成功した要因だろう。

イチローと似たタイプだった福本豊

私が現役時代の選手で、イチローと同じタイプは誰かと考えると、やはり阪急の福本豊が浮かぶ。打席に入るだけで三塁打。塁に出て、二盗、三盗されて、気がついたら三塁ベースに立っているという感じで、本当に嫌な選手だった。

野球を変えた代表例は王貞治と福本だといえる。クイック投法というのは福本が作ったといってもいい。福本が出塁し、普通に投げたら盗塁は全部セーフになってしまう。そこでみんな福本対策に取り組み生み出されたのが、投手が小さな投球モーションで投げるクイック投法だ。当時はクイック投法という名前もなかった。福本は野球を変えた1人といっていいだろう。

打者としての弱点もなく、どのコースでも打たれた。いい打者はそう簡単に穴はない。いい打者に共通するのは「次は内角がきそうだ」と気配を感じることができることだ。

ところが福本が不思議なのは、あれだけの足があるのに、セーフティバントを絶対にやらなかった。現役時代に「何でやらないんだ？」と聞くと「嫌いでんねん」と言っていた。

送りバントをやって、それが結果的にセーフになることはあったが、バントヒットを狙うことがなかった。歴代5位の2543安打を打っているそうだが、セーフティバントをやれば、もっと安打数は増えていただろう。

王貞治は守備のシフトを作った。いわゆる「王シフト」だ。内野手は一、二塁間に3人、三遊間に1人。三塁はガラ空きという守備陣形だ。

これも三塁側にちょこんと打つことや、バントをすれば難なくヒットになるが、王は「できない」と話していた。余計なことをすると、自分の打撃が崩れてしまうものだ。一度バントをやったところを見たが、投ゴロでアウトになっていた。

しかしオリックスとの日本シリーズでは、イチローにシフトを敷くことはなかった。広角に打てるので、シフトも敷けなかった。

ただ王と違うのは、イチローは本塁打があまりない。一塁まで行かれるのは覚悟して、後続を抑えればいいという気楽な面はあった。走者が溜まった場面だけ、何とかすればいいから気は楽だ。

イチローと同じで弱点がなかった長嶋茂雄

イチローと同じで弱点がない打者の最たる例といえるのが、長嶋茂雄だった。弱点があるのかもしれないが、日本シリーズ、オールスター、オープン戦ぐらいでしか対戦していないので、わからなかった。

長嶋のスイングの速さは、私が対戦してきた中でナンバーワンだった。構えていて、打ってこないのかと思ってボールを捕ろうとすると、バットが瞬時に出てくる。そんなイメージだった。

しかもイチローにも通じた「ささやき戦術」すら通じなかった。

野球以外のことを打者にささやく時は、打席に入る時に足場を慣らしているタイミングで「最近銀座行ってる?」などとやっていた。いざ構えた時に「あれ? 構えが変わったのか?」などと、ポソっと野球の話をする。余計なことを言う必要はない。集中力を乱すには、これで十分だった。

まじめな王貞治には「ささやき戦術」は割合通用したが、長嶋だけは何をささやいてもダメだった。長嶋とイチローの共通点は、ともにプレーしている姿だけで格好いい。あれが本来のプロ野球選手のあるべき姿だ。

張本勲(元東映=現日本ハム)がテレビで「野村さんがゴチャゴチャ言うから、空振りした時に頭にゴーンとやったことがある」と話していたそうだ。実際にバットで頭を叩かれた覚えはないが、危ないことはあった。張本にささやいて怒らせると、タイムをかけて打席を外してしまうので、試合がストップしてしまう。「ハリ、早よ入れ!」と言っても、入らない。私のささやきをちゃんと聞いていて、気になっていた証拠だ。

王はオールスターで、私がマスクをかぶった打席では30打席連続ノーヒットだった。王はホームランバッターだから、みんな外角中心に攻めていたが、少し甘くなり真ん中に入ると、ホームランボールになってしまう。王が一番得意としていたのは、外角と真ん中の間ぐらいの球。苦手なのは内角へのスライダーなど曲がる球で、新人の時からそうだった。

「セ・リーグの諸君。王はこうやって抑えるんだ。見ておれ」と思いながらやっていたが、誰も攻め方を聞きにこなかったし、参考にしなかったようだ。セ・リーグの投手は工夫もなく、本塁打を打たれまくって私の記録は抜かれ、王に価値を全部下げられた。

95年の日本シリーズでのイチローに対するヤクルトの攻め方も、パ・リーグのチームには参考になったはずだが、翌96年のイチローは、打率3割5分6厘（前年3割4分2厘）、安打数193本（前年179本）、84打点（前年80打点で打点王）とすべて数字を上げている。

巨人との日本シリーズでは、第1戦の延長10回に左腕・河野博文の外角高め140キロの真っ直ぐをライトへ決勝本塁打を放ち、第2戦も4打数2安打、第3、4戦では1安打ずつ打ち、第5戦は無安打も、オリックスは4勝1敗で日本一になり、

19打数5安打で優秀選手賞を受賞している。

130試合制で年間26試合も戦うリーグ戦（当時）と、7試合の短期決戦では攻め方はまったく違うが、やはり攻略法はなかったということだろう。

オールスターでの投手イチローは夢の舞台の冒瀆《ぼうとく》

96年のオールスター第2戦（東京ドーム）でオリックスのイチローが投手として登板したのも忘れられない。

オールスターが始まる前からパ・リーグを指揮したオリックスの仰木彬監督は、イチローを投手として登板させることを予告。ちょうどアトランタ五輪が開幕した日で、私は第1戦の試合前に「ふざけるな。そんなのはヤワラちゃん（柔道の田村亮子、現姓・谷）に100メートルを走らせるようなものだ！」と訴えたが、仰木監督は強行した。

第2戦の9回二死。巨人の松井秀喜に打順が回ると、ライトを守っていたイチローがマウンドへ。私はネクストバッターズサークルの松井に歩み寄り、声をかけた。

「嫌だろ?」と言うと、松井は「どっちでもいいです」と返事した。

松井が「やりたい」と言わなかったので、私は「代わろう」と代打に自軍の高津臣吾を起用。投手の高津なら、イチローから打てなくても恥にはならないからだ。松井にも代打が野手だと失礼になってしまうが、投手だと聞いて、それならとベンチに下がった。

松井にとっては打って当たり前。打てなかったら何を言われるかわからない。イチローは得をするが、松井にとっていいことは1つもない。実際に松井は、試合後に「昨日今日入った若造がとやかく言えません。でも楽しみではなかったです」と本音を明かしている。

格式の高いアメリカのオールスターで、絶対にこんなことはない。野球選手の誰もが憧れる、夢の舞台を冒瀆しているように映った。

仰木監督はファンサービスと捉えていたようだが、完全にはき違えている。オールスターはお祭りであると同時に、選手にとっては憧れの場だ。遊びの場にしてしまったら困る。

オールスターに出たこともないような人が、考えそうな発想だ。一度しか出たことがない仰木監督には、価値がわからなかったのだろう。私は「名監督と呼ばれていた仰木監督が、人の痛みもわからんのか。スポーツの精神を守ってほしい」と吐き捨てた。

88年までオールスターは3試合あり、その後は2試合に減ったが、夏季五輪開催年などは特例で3試合あり、「休みたい」、「出たくない」という選手が増えてきていた。オールスターを辞退した場合は、後半10試合に出場できないというルールはあるが、2006年まではケガなどの理由があれば特例措置が受けられたので、これを明らかに悪用しているケースもあった。そんなわけで、どんどんオールスターの質が低下していた。

オールスターはプライドの祭典でもある。打てなければ松井のプライドに傷がつく。投げさせたほうも問題だが、投げるほうも投げるほうだ。

イチローは「代打を出されることは考えていました。僕も本職ではないですから、気持ちいいのと悪いのと、いろいろです」と心境を明かしていたが、仰木監督に言われても「遠慮しておきます」と引き下がるべきだった。

そんなにイチローを投げさせたいのなら、オリックスの公式戦で投げさせればいい。私は阪神の監督時代、新庄剛志を巨人とのオープン戦で投げさせたこともあるし、南海では1970年10月14日、消化試合の阪急戦でセンターを守っていた広瀬叔功を登板させたこともある。

イチローが登板した翌日は、飛行機でオールスター第3戦が行われた富山へ移動だった。私が飛行機に乗るとだいたい1A。つまり出入り口から一番近い席に座る。ところが、この時は2列目だった。1列目にどんな大物が来るのかと思っていると、何と現れたのはイチロー。目深に帽子をかぶり、あいさつもしなかった。

イチローは「あまり周りを見ないので、気がつかなかった」と話していたそうだが、そんなのはただの言い訳だ。

人間は礼に始まり礼に終わる。キャンプや試合の取材にやってきた評論家や解説者といった球界の先輩には、きちっとあいさつをするように選手には厳しく言ってきた。好き嫌いは関係ない。

あいさつをせずに「生意気だ」、「礼儀知らずだ」と思われたら印象が悪くなってしまう。「こんにちは」と言うだけで、何もゴマまで擦る必要はないのだから、やっておいて損はない。実際に私のイチローに対する印象は、それだけで悪くなってしまった。

当時のイチローはまだ22歳。周りがチヤホヤしてしまったのだろうが、そういう教育がプレースタイルにもつながった。

イチローはその後、メジャーリーグでマーリンズ時代の2015年10月4日のフィリーズ戦で投手としてマウンドに立った。当時のマーリンズの監督は、それこそ世界最高の舞台であるメジャーリーグを侮辱していると思わなかったのだろうか?

その試合はその年の最終戦。まともな人なら、お遊びでマウンドで投げるよりも、若い投手にチャンスを与えてほしいと考えるはずだ。言われたら断らないあたりにも、自己中心的な性格が見てとれる。

結果は1イニングを投げ2安打1失点だったが、あんなことが許されるのだから、メジャーリーグの格も下がったものだ。

第6章　選手が引退を決断する時

私の最後の打席は映像も残っていない

イチローは多くの観衆に見守られてユニフォームを脱いだ。かつては盛大な引退試合を行うのは巨人の長嶋茂雄など限られた選手だけだったが、近年はたいして活躍していない選手まで引退セレモニーを行うようになっている。

では、私の最後の試合、最後の打席はいつだったのか。答えられる人はいないだろう。実は、私も覚えていない。

記録を調べると、西武時代の1980年10月4日、川崎球場で行われたロッテ戦に「9番・捕手」で出場したのが最後。森繁和（前中日監督）とバッテリーを組み、その試合で1打席だけ立ち、四球だったそうだ。

ロッテ先発は左腕の小俣進（現社会人野球セガサミー・アドバイザー）。のちに巨人で長嶋茂雄のマネージャーを長年務めていた人物だ。

その試合で小俣は3安打に抑え完封勝利を挙げている。「野村さんの最後の相手だったなんて光栄。きっと野村さんにビビって、ストライクが入らなかったんだと思う」と振り返っていたそうだ。私はベテラン選手をよく起用したが、それは〝顔〟

で四球を取ることができるからだ。

その時の小俣のように、ベテランを恐れてストライクが入らなくなることがある。私もまだ〝顔〟で勝負することができたということだろうか。

もちろん、これが最後の試合だと事前に発表されていたわけではない。当時のパ・リーグは前後期制で、西武は3位で7試合を残し、首位の日本ハムを1ゲーム差で追っていた。しかし、当時のパ・リーグでロッテ対西武など、テレビ局は恐らくどこも来ていなかったのだろう。その試合の映像を見たことがないし、残ってもいないはずだ。

きっと私の引退など、誰も注目しておらず、マスコミも相手にしてくれなかった。「辞めるなら勝手に辞めろ」という感じだったのではないだろうか。

その後西武は、本拠地での2試合を含む6試合も行っているが、優勝の可能性がなくなったあとの最終戦でも私の出番はなかった。

シーズンが終了し、ロッテ（前期優勝）対近鉄（後期優勝）のプレーオフ。広島対近鉄の日本シリーズの解説で広島と大阪から帰ってきたあと、11月15日に引退を発表した。

「俺にクビとは言いづらいだろう」と自分から球団に申し入れたのだが、「ここまでやったんだから、もう少し頑張ったらどうだ？」と慰留されることを、少しだけ期待していた。

ところが〝待ってました〟とばかりに「長い間、ご苦労様」と、あっさり受け入れられた。みんな自分の評価というのは甘い。これが現実なんだと、何ともいえない気持ちになったことを覚えている。

私が引退を決断した理由を、ファンの方ならご存じかもしれない。

その年の9月28日、阪急戦（西武球場、現メットライフドーム）、3－4で1点を追い、なおも一死満塁の同点機。「よし、任せておけ」と打席に向かおうとする私を、根本陸夫監督に呼び止められた。

「何だ、アドバイスかな？」と振り向くと、「代わろう」。何と代打を出されて交代だった。犠飛でも同点の場面。45歳で力が落ちていたとはいえ、それぐらいの自信はあった。

私は113の犠飛を打っており、これは約40年経った今でもプロ野球記録だそうだ。それなのに代打を出された。「俺はそんな存在なのか」と大変ショックを受けた。ベンチで「代打策など失敗しろ」と念じていると、代打の鈴木葉留彦は絵に描いたようなショートゴロ併殺打。9回に1点を追加され、そのまま3－5で敗れた。のちに鈴木は「俺だって野村さんのところで代打なんていきたくなかった。でも若手だったし、そんなことも言っていられない。必死だった」と話していたそうだが、確かに大ベテランの代打は荷が重かったはずだ。

投げていた関口朋幸が「野村さんのほうが嫌だったので、助かった」と言ってくれたのは、せめてもの救いだった。

その日はダブルヘッダーで、第2試合に捕手で途中出場し、山田久志と対戦して空振り三振に倒れているそうだが、覚えていない。帰りの車の中で「あんなことを考えるなんて、もう潮時かな」という思いが駆け巡った。

あとから聞いた話だが、実績を残した選手に球団から「辞めろ」とは言えないので、辞めるような起用法をして、引退すると言ってくるのを待っていたそうだ。

引退会見の翌16日に西武球場で開催されたファンの集いで、引退セレモニーを行った。紅白戦では山崎裕之から左中間を真っ二つに破り、わざと外野がモタつく間に三塁も回り、プロ初のランニングホームラン。ジャンプしながらホームインした。通算658号とも報じられたが、これもスポーツニュースや新聞の扱いは小さいものだった。

というのも、その年は10月21日に長嶋茂雄が巨人の監督を解任され、11月4日には王貞治が現役引退を発表。当時は秋もオープン戦があり、その日に熊本で行われた阪神戦で、王が現役最後の打席に立ち、5回の最終打席で宮田典計からライトスタンドへ、公式戦、非公式戦を合わせて通算1032号となる〝さよならホームラン〟を放っていたからだ。

王は私の価値を下げた男。通算本塁打や年間最多本塁打など、全部王に潰された。最後の最後まで王の影に隠れてしまう、まさに月見草。私の引退はその程度の、ひっそりとしたものだった。

あんな引退の仕方をするのなら、南海をクビになった時に潔く引退すればよかったのかもしれないが、まだ頑張ればできるという自信があった。南海の時は簡単にミットを置くような心境にはなれなかった。

私が引退会見で話したこと

引退セレモニーでは、西武の選手たちが私にねぎらいの言葉をかけて、マウンドから投じた球を私が受けた。

田淵幸一は「野村さんご苦労様でした。第二の人生頑張って下さい」。東尾修は「これからも、いいリードをして下さい。お願いします」。いろいろな言葉をかけてから、ボールを投じてきた。

引退会見では、こんな話をしている。

「ボロボロになるまでやる。12球団契約をしてくれるところがなくなったところが、引退の時期と言い続けてきました。野球という生活、仕事の中で、成長と貢献という2つの要素を考えた時に、もう果たすことができないという判断をしました。心残りがないと言えば嘘になるんですけど。若返り、新陳代謝の激しい中で、よくぞ

45歳までやらせていただいたという、感謝の念でいっぱいです」

京都の田舎から出て来て、テスト生として入団。まさかプロ野球選手になれるとは思わなかったし、まさかレギュラーになれるとも考えていなかった。もちろん、まさか監督をやれるなんて、頭の片隅にもなかった。私の人生はまさかの連続だった。

「もう1回生まれ変わってもキャッチャーをやります。若い時にできなかったことを、生まれ変わったらやりたい。マスク越しに野球を見つめ、自分を成長させてくれました。キャッチャーの魅力にとりつかれています。理想を言えば頭の中はこのまま、体だけもう1回27年前に戻してくれないかという気持ちでいます」

これは今でも変わらない。私は生涯一捕手。引退後に「もうキャッチャーなんかやりたくない」と話す選手も多い。あんな重労働はもうコリゴリということだろうが、私はキャッチャー以外考えられない。

「パーフェクトという言葉は野球においてないかもわかりませんけど、そういうものがつかめずに終わることは、非常に心残りであります。これからユニフォームを脱いで、違った角度から野球を見させていただけそうなので、そこから野球を追い詰めていき、背番号なき現役として頑張って参りたいと思っています」

翌年からテレビ、ラジオの解説、あるいは講演などで評論家活動を続けてきたが、気持ちは現役選手のまま。その思いは変わらなかった。

イチローに抜かれた3017試合は捕手だから価値がある

私は45歳までプレーし、3017試合に出場した。この記録も2015年に中日の選手兼任監督だった谷繁元信に抜かれ、その3021試合が日本記録になっているが、イチローは日米通算で3604試合に出場。メジャーリーグ記録はピート・ローズ（レッズなど）の3562試合で、マーリンズ時代の17年9月3日、フィリーズ戦でそれを超える日米通算3563試合出場を達成した。

ヤンキース時代の14年4月9日のオリオールズ戦で、イチローは3018試合として私の記録を谷繁より先に抜いているが、その時にイチローは「出るだけでカウントされるものに、僕は価値を見出せない」と素っ気ないものだった。

日本は143試合で、私の現役時代は130試合の頃もあった。メジャーは162試合もあるのだから、この記録はメジャーリーグのほうが伸びやすい。

イチローは外野手だったというのも大きい。外野手はポジションが3つあり、どこかで出られる可能性がある。しかし捕手は1つしかない。

捕手は投手が投げる球を100~150球受け、1球ごとに考えてサインを出さなければいけないのだから、まったく気が抜けない。外野手は一度も打球が飛んでこないで終わることもあるのだから、外野手で作った記録と一緒にするなと言いたくなる。

メジャーで19年間もプレーすることは凄いことだが、外野手は守備でケガをすることはあまりない。せいぜい、ダイビングキャッチした時や、フェンスにぶつかった時ぐらいだろう。この差は大きい。

私が現役の頃の捕手はブロックもあったし、ファウルチップが体に当たったり、指を骨折することもある。私は本塁に突入してきた走者のタックルを受けて、左鎖骨を骨折し、連続出場などの記録がパーになったこともあった。

谷繁も同様だが、私は重労働の捕手で3000試合以上出場したことに価値があると思う。よく「ノムさんも一塁に変わったらどう？　もっと打てるようになるよ」と勧められたことがあるが、私は捕手にこだわりを持っていた。

捕手をやったおかげで野球を覚え、配球を読めるようになって打てるようになったと思っているので、一塁に変わろうという気持ちはサラサラなかった。

私の記録は全部2番目だが、捕手としての記録ならば、本塁打や安打数は抜かれることはないだろう。

打撃部門の数字は、こだわらないのではなく、こだわれない、が正解だ。

阪急の捕手だった岡村浩二に「ノムさん、正直に言ってくれる？　4打席立って全打席集中して立ってる？　もうどうでもいいと思う打席はないですか？」と聞かれたことがある。

「正直言って、あるよ」と答えると、岡村は「安心しました」とホッとした表情を浮かべていた。

たくさん点を取られてしまうと、捕手は投手よりも責任を感じるものだ。そうなってくると「どうでもいいや」と打撃にまで気が回らない。だから捕手で首位打者を獲るのは大変なことだ。

私が首位打者になった1965年は、張本勲や榎本喜八ら常連が軒並み不調。最後まで争った阪急のスペンサーが、10月5日にバイク事故を起こし、3割2分で獲れたのでツキがあった。三冠王など、まぐれでなければ獲れなかった。

野手は自分の打席のことだけ考えればいいが、捕手は「次の回は誰から始まるから、どう攻めよう」と、そういうことしか頭にない。

それでも捕手以外は考えられない。捕手をやったおかげで野球を覚えた。真っ直ぐ来い、カーブ来いとサインを出し、試合を動かす脚本家。打たれた時に「あそこの場面で勝負球を間違ったかな」と試合後に反省野球をするのが面白かった。重労働だが、捕手ほど楽しいことはない。

ONはボロボロになるまでのプレーを許されなかった

引退には、周囲から「まだやれるのに」と惜しまれながら退くタイプと、私のようにボロボロになるまでやるタイプに分かれる。

巨人の長嶋茂雄は38歳。王貞治は40歳で現役を引退している。どちらも、もっとプレーできたと思うが、巨人という人気と伝統のあるチームで、ＯＮのようなスター選手に、それが許されなかったのだろう。同じ歳の長嶋は、私より6年も早く現役を退き、川上哲治監督に代わり、39歳でチームを率いた。

長嶋が引退理由の1つに挙げたのは、打撃面ではなく三塁守備で衰えを感じたことだそうだ。長嶋が一番長《た》けていたものは、何だかおわかりだろうか。三塁の守備で簡単なゴロを、難しいゴロにするのが得意だった。

自分でも「平凡なゴロを、わざとスタートを遅らせてファインプレーに見せる」と話していた。ファンは気づかなくても、我々プロが見ればすぐにわかる。キザな野郎ともいえるが、そんなことまで考えてプレーをしているのだから、さすが長嶋は役者だ。

チャンスに強い打撃や、ヘルメットが飛ぶほどの豪快な空振りなど、人気を集めた理由はいくつもあるだろうが、そういった守備ができなくなったことで、引退を決断したのかもしれない。

王は80年に本塁打が30本に終わり「王貞治のバッティングができなくなった」とバットを置いた。

私の現役最終年は本塁打4本だった。30本も打てるのなら辞めることはないと思うが、王が今の阿部慎之助のように代打の切り札というわけにはいかない。当然、私のようにボロボロになるまでというわけにはいかなかったのだろう。

「45歳」には見えない大きな壁がある

プロ野球の平均引退年齢は29歳前後だそうだ。高卒、大卒、社会人出がいて、プレーの年数はさまざまだが、40歳までプレーできるのはごくわずか。多くは30代でユニフォームを脱いでいる。

私が現役の頃と比べて、トレーニングや食事などで選手寿命は伸びなければおかしいのだが、さほど変わっていないように見える。45歳までプレーすることも、難しいようだ。

２０１２年に阪神の沖縄・宜野座キャンプを訪れた時のこと。金本知憲と教え子である桧山進次郎があいさつにやってきた。

そこで私は、レフトのレギュラーだった金本に「48歳までやれ」。桧山には「おまえはピンチヒッターだから、50歳までやれ」とハッパをかけた。

ところが金本はその年限りで引退。1歳下の桧山もあとを追うように翌年に引退。ともに44歳だった。

どこのチームも低迷すると「若返り」という名目で、ベテランに冷たくなる。私も晩年は「邪魔だ」、「辞めろ」と言われているような気がしてしょうがなかった。声には出さなくても、首脳陣の起用法を見ていればわかる。何とも寂しい思いをしたものだ。

恐らく金本も桧山も同じ。特に金本は広島から来た外様選手。厳しい阪神ファンや、ＯＢからの見えない圧力は凄かったのではないだろうか。

同じ年齢でも個人差はある。40歳でも肉体年齢が30代の選手もいれば、その逆で30代前半でもケガばかりして、年の割には老けている選手もいる。

一流選手になると監督から「クビだ」とは言いづらい。自分で状況判断しなければしょうがない。金本にもそういう話をした。

引退発表直後に金本とテレビで対談した時に「何で引退するの?」と聞くと、「野村さんに去年『自分から辞めろ』と言われたからですよ」と思わぬ返事が返ってきた。それは誤解だ。「大選手には球団から辞めてくれとは言いづらい。引退する時は、自分で決めなさい」という話はした。私がそうだった。クビを通告したら、球団のイメージが悪くなってしまうので、それはできない。王や長嶋のようなスーパースターに球団から「クビだ」とは言えないので、自分で決めるしかない。金本も同じだ。

そして金本は「潮時かなと。体がしんどかった。外野を守っていて、肩をケガしたりしたので」と続けたが、それが本心だったのかどうかは、わからない。

楽天時代の教え子だった山﨑武司も45歳でユニフォームを脱いでいる。楽天で私が監督の時に復活し、39歳の時に本塁打と打点の二冠王に輝いたが、43歳で星野仙一監督から戦力外通告された。

表2：40歳以上でプレーし引退した主な野手と最終年の成績

選手名	年齢	球団	試合	打率	本塁打
野村克也	45歳	西武	52	.217	4
落合博満	45歳	日本ハム	59	.235	2
山﨑武司	45歳	中日	51	.210	0
谷繁元信	45歳	中日	30	.277	1
イチロー	45歳	マリナーズ	2	.000	0
門田博光	44歳	ダイエー	65	.258	7
大島康徳	44歳	日本ハム	64	.323	2
金本知憲	44歳	阪神	126	.258	6
桧山進次郎	44歳	阪神	57	.196	0
和田一浩	43歳	中日	79	.298	5
井口資仁	43歳	ロッテ	65	.244	2
松井稼頭央	43歳	西武	30	.154	0
宮本慎也	43歳	ヤクルト	104	.266	0
若松 勉	42歳	ヤクルト	55	.224	2
古田敦也	42歳	ヤクルト	10	.333	0
石井琢朗	42歳	広島	31	.167	0
前田智徳	42歳	広島	12	.364	0
小笠原道大	42歳	中日	53	.294	0
松中信彦	42歳	ソフトバンク	9	.067	0
稲葉篤紀	42歳	日本ハム	44	.234	3
矢野燿大	42歳	阪神	8	.222	0
張本 勲	41歳	ロッテ	70	.219	3
福本 豊	41歳	阪急	92	.253	1
伊東 勤	41歳	西武	73	.168	3
清原和博	41歳	オリックス	22	.182	0
小久保裕紀	41歳	ソフトバンク	103	.239	4
辻 発彦	41歳	ヤクルト	17	.196	0
王 貞治	40歳	巨人	129	.236	30
山本浩二	40歳	広島	126	.276	27
衣笠祥雄	40歳	広島	130	.249	17
秋山幸二	40歳	ダイエー	76	.249	5
立浪和義	40歳	中日	77	.318	1
長嶋茂雄	38歳	巨人	128	.244	15
松井秀喜	38歳	レイズ	34	.147	2

*日本人選手のみ掲載。球団名は最終所属球団。イチロー以外の年齢は、その年の誕生日を迎えての満年齢

「星野監督から直接辞めろと言われてショックを受けた。まだ、燃え尽きていない。納得するまで続けたい」と山﨑から電話があった。

並の選手ならまだしも、できたばかりの楽天を7年間も引っ張ってきた。私が監督の時は4番としてだけではなく、若手に技術や心構えを教え、ある時はコーチに代わって叱り飛ばすなど、中心選手としてよくやってくれていた。数字以上の存在感があった。そんな山﨑でも、星野監督の評価が低かったのか、冷たく楽天を追い出された。

山﨑は、私とよく似ているタイプで、見てくれからして誤解を受けやすい。彼の気持ちは痛いほどよくわかるので、もらい泣きしそうになった。

「おまえは、本当に俺と同じ野球人生だな。ユニフォームを脱ぐ時は、球団から言われるのではなく、自分で判断しろ」と現役続行を勧めた。

古巣で地元の中日に戻り、2年間プレー。くしくも私と同じ45歳で、13年に引退した。

あの落合博満も、45歳の時に最後は日本ハムで引退している。43歳の時に巨人を清原和博に押し出される形で自由契約になり、ヤクルト監督だった私も獲得に動いた。

ところが落合は日本ハムを選択。1年目こそ最年長となる44歳で規定打席に到達し、打率2割6分2厘も本塁打は3本だけ。翌1998年は59試合の出場で、引退セレモニーもなく寂しくユニフォームを脱いだ。もしもヤクルトを選んでいたら、もう少しプレーできていたかもしれない。

また、私の通算出場3017試合を抜いた中日の谷繁元信も、45歳で選手を諦め、監督業に専念している。私の記録を目標に、2年間はプレーイングマネージャーとして二足のわらじを履いてきたが、2015年に日本記録を3021試合に伸ばすと、引退してしまった。南海で私を困らせてきた門田博光も1992年に44歳で引退している。

イチローも45歳では開幕2試合に出場しただけなので、事実上2018年の5月に44歳で選手生活を終えていたといっていい。「45歳」には見えない大きな壁が存在するようだ。

私とイチロー、長嶋茂雄、大谷翔平の共通点とは

私とイチローの共通点はほとんどないと思う。しかし数少ない共通点がある。血液型がB型で、兄のいる次男という点だ。

実はプロ野球で大活躍した選手はB型が多い。ある年の名球会でメンバー表が配られ、じっくり見ていると、大半がB型で、日本人で一番多いA型は江夏豊、山内一弘さんら5人ぐらいしかいなかった。最初は血液型など信じていなかったが、それを見てから興味を持つようになった。

当時の名球会でB型は私の他に金田正一さん、長嶋茂雄、稲尾和久、門田博光、福本豊、山本浩二、谷沢健一、若松勉、山崎裕之がいた。近年加入した選手では古田敦也、野村謙二郎、清原和博、野茂英雄、石井琢朗、黒田博樹、新井貴浩。現役では阪神の福留孝介、鳥谷敬、18年に2000安打を打ち新たにメンバーとなったソフトバンクの内川聖一、ロッテの福浦和也などもB型で、さらに増えている。そして、あの大谷翔平もB型だ。

名球会以外でも中西太さん、掛布雅之に、平成唯一の三冠王を獲得した松中信彦

がB型で、強打者が多い。投手三冠王の上原浩治、斉藤和巳もB型だが、名投手はA型のほうが多い。

日本人はA型が最も多く約40％。次がO型の約30％。そしてB型が約20％で、AB型が10％と最も少ないそうだ。日本人の割合からみると、やはりB型で活躍している選手は多い。野球ばかりか、他のスポーツや芸能人もB型が多いという。

B型の性格はマイペースで自己中心的。我慢ができない。いい加減で何に関してもアバウトだが、物事を引きずらない。負けたり、失敗しても切り替えが早いといわれている。

妻の沙知代が典型的なB型だった。ゴーイングマイウェイで、わがまま放題もいいところ。結婚する前に血液型に関する知識があったら、一緒になっていなかった。聞いた時点で逃げていた。

B型同士の夫婦など、わがままがぶつかりあって、上手くいくわけがない。どちらかが我慢しなければ成り立たない。だから私が我慢して、家庭でも捕手役に回っていた。

そして、私、イチロー、長嶋茂雄、大谷翔平はB型で次男だ。昭和の長嶋、平成のイチロー、そして令和を引っ張ることになる大谷と、3世代のスーパースターがB型次男というのは、何かがあるのだろう。やはり、みんなわがままで、ゴーイングマイウェイなのだと思う。

次男というのは、わがままに育てられるものだ。特に私が小さい時は、すべては長男に任せられてきた。私の家のように母子家庭の長男といったら、父親代わり。周りから「お父さんがいないんだから、お母さんを助けてあげなさい」と、いつも言われていた。そんな長男と違って、次男は気楽なものだ。

長嶋は5歳上の兄の影響で野球を始めたそうで、大谷の7歳上の兄・大谷龍太は現在も社会人野球のトヨタ自動車東日本で、右投げ右打ちの外野手兼コーチとしてプレーし、18年の都市対抗野球にも出場している。

しかし私は兄と一緒に野球をやった記憶がない。3歳上の兄は私と正反対の性格。くそがつくマジメ人間で、勉強ばかりしていて、小学校、中学校ではずっと優等賞をもらっていた。

表3：主な選手の血液型

B型	O型	A型	AB型
野村克也○※	王 貞治○※	川上哲治○※	鶴岡一人※
金田正一○※	張本 勲○	三原 脩○※	大沢啓二
中西 太	水原 茂※	広岡達朗※	米田哲也○
藤田元司※	西本幸雄	仰木 彬※	村田兆治○
長嶋茂雄○※	高木守道○	山内一弘○	山本昌○
稲尾和久○	吉田義男※	小山正明○	斎藤雅樹
長池徳二	森 祇晶※	村山 実○	池山隆寛
山本浩二○	上田利治※	広瀬淑功○	与田 剛
門田博光○	榎本喜八○	加藤英司○	桑田真澄
福本 豊○	土井正博○	柴田 勲○	飯田哲也
谷沢健一○	衣笠祥雄○	江本孟紀	小久保裕紀○
若松 勉○※	星野仙一※	江夏 豊○	前田智徳○
山崎裕之○	江川 卓	梨田昌孝	岩瀬仁紀○
掛布雅之	落合博満○※	田淵幸一	村田修一
石毛宏典	鈴木啓示○	中畑 清	岩隈久志
広沢克実	東尾 修○	岡田彰布	坂本勇人
槙原寛己	山田久志○	原 辰徳※	柳田悠岐
古田敦也○	秋山幸二○※	辻 発彦	丸 佳浩
吉井理人	伊東 勤※	栗山英樹※	
野村謙二郎○	工藤公康○※	渡辺久信※	
清原和博○	佐々木主浩○	緒方孝市	
野茂英雄○	金本知憲○	山﨑武司	
桧山進次郎	矢野燿大	立浪和義○	
田口 壮	宮本慎也○	谷繁元信○	
松中信彦	稲葉篤紀○	小笠原道大○	
三浦大輔	松井秀喜○	新庄剛志	
石井琢朗○	中村紀洋○	城島健司	
イチロー○	石井一久	阿部慎之助○	
上原浩治	井口資仁○	里崎智也	
黒田博樹○	松井稼頭央○	糸井嘉男	
新井貴浩○	高橋由伸	嶋 基宏	
斉藤和巳	松坂大輔	ダルビッシュ有	
福留孝介○	中田 翔	田中将大	
鳥谷 敬○	菊池雄星	前田健太	
内川聖一○	甲斐拓也	菅野智之	
福浦和也○	山田哲人	鈴木誠也	
大谷翔平	清宮幸太郎	筒香嘉智	

注：○は2000安打以上、200勝以上、250セーブ以上。※は日本一監督

母親も兄に言うことと私に言うことは逆。兄には「たまに外で遊んできなさい」と言っていたが、私には「勉強せい」ばかり。私は出来が悪かったので、学校で「お兄さんはよくできたのに」と嫌みを言われて、えらい迷惑をしたものだ。

一度兄に、「勉強ってそんなに面白いか?」と聞くと、「面白い」と答えていたので、本当に好きだったのだろう。暇さえあれば机に向かっていて、外で遊んでいる姿など見たことがなかった。

イチローは5歳上の兄がいるそうだが、小学生の頃に少し野球をやっていただけで、中学からは陸上競技をやっていたそうだ。私と同様、兄の影響はあまり受けていなかったと思う。ここに私との共通点がある。

名球会の選手はB型が多いが、日本一監督となると私、長嶋茂雄、藤田元司さん、金田正一さん、若松勉の5人しかいないそうだ。これは、よくわかる。

B型の監督は、金田さんが代表例で、わがままでいい加減なのだから、上手くいくわけがない。人の上に立つような血液型ではない。

日本一になった監督にはO型が多いが、A型もけっこう多く、V9の川上哲治さん、三原脩さん、広岡達朗さん、仰木彬、原辰徳、栗山英樹、渡辺久信がいる。A型は名選手よりも監督に向いている血液型のようだ。

血液型で一番驚いたのが、江夏がA型だったということで、今でも信じられない。A型の性格は、マジメで几帳面。秩序を重んじ、論理的に行動するタイプだが、とても当てはまらない。

「本当かよ?」と話をしていたら、自分から病院に行って血液型を調べてきたことがあった。そういうところはマジメで、A型といったところか。しかし、野球では〝ここ〟という時に血液型が出る。

江夏豊が354個の奪三振日本記録の時に、わざわざ王貞治のところで達成するように考えていたと聞くが、あれもプロだ。他の打者から取っても絵にならない。プロだから話題になる舞台作りをしなければいけないが、江夏はそれができる演出家だった。

私が監督時代に扱いに困ったのはAB型の選手だった。ヤクルトでは池山隆寛、飯田哲也。楽天では岩隈久志がそうだった。A型とB型が混ざっているので、日によってA型の時もあれば、B型の時もある。巨人の斎藤雅樹のように、まともなタイプもいるが、これはA型が強いAB型なのではないだろうか。

AB型は二重人格とも例えられるそうで、私も「今日はAとBどっち型かな?」と気を遣いながら接したものだった。

近年の中心選手はA型、AB型が多く、B型、O型のほうが少ない。これもプロ野球のレベルが低下していると感じる一因だろうか。

第7章　記憶に残る日本人メジャーリーガーたち

上原浩治が証明したメジャーリーグで通用しなければ日本でも無理

シーズンが始まったばかりの5月20日に、巨人の上原浩治が突然引退を発表した。会見では「もう少しやりたかった」と涙を流していたが、二軍でも打たれることが多く、決断したそうだ。

打者と比べて、投手はごまかしが利かない。スピードが落ち、コントロールが悪くなるなど、衰えが目に見える部分で出てくる。

培った経験やテクニックで何とかなると思われるだろうが、そんなに甘いものではない。1試合ならごまかせるかもしれないが、これが1年間、143試合をごまかすことは無理。衰えはハッキリ数字になって表れてしまう。

グラウンドでは一緒にプレーをしたことがないし、阪神と楽天の監督時代に対戦した程度。しかしテレビ番組で何度か共演し、なぜか私のことを気に入ってくれている。

引退直後には、これまで何度か一緒に出演しているTBSの『S☆1』で共演。久しぶりに深夜の生放送に出演した。その時に、「なぜ引退するのか?」と聞くと、「若い選手にチャンスを与えてほしいので」と応えた。

上原の背番号は私の現役時代と同じ19。私の「月見草」に対し、上原の代名詞は「雑草魂」。大体大に進学する前に浪人し、アルバイトも経験したみずからを雑草に例えていたが、ともに陽の当たらないところで育った。

会見で「支えになった言葉」を質問され、「野村監督の本を読んでいく中で、いっぱいいい言葉がありましたから。それを思い出しながら」とわざわざ名前を出してくれたのは光栄だ。

メジャーリーグで9年プレー。2018年に巨人へ復帰した。しかし、メジャーリーグでもどこのチームからも声がかからなかったということは、日本でも通用しないということだ。考え方によっては日本の野球のほうが上の部分もある。

44歳までよくやったと思うが、日本に戻ってきてからの投球は、正直に言うと見ていて気の毒だった。真っ直ぐは自分でも信用できないようで、フォークボールやスライダーといった変化球ばかり投げていた。そのフォークボールも軽く見切られていた。ボールになると思ったフォークボールがそこまで落ちずにストライクゾーンに入り、見逃し三振になったこともあった。

上原がメジャーリーグで通用したのは、何よりも原点能力に優れていたからだ。私は外角低めを投球の原点と呼んでいるが、上原は外角低めのコントロールが抜群で、困った時に投げることができた。

もともと真っ直ぐのスピードは130キロ台後半。打者からすれば一番打ちごろのスピードだ。それをコントロールと、球のキレ、フォークボールを駆使し、レッドソックス時代の13年には、日本人初のワールドシリーズ胴上げ投手にもなった。

原点にしっかり投げられたら打てないのは、万人に共通している。メジャーでも同じで、これを持っているのが通用する1つの条件になる。

何よりも投げっぷりがよかった。体全体から闘争心があふれ「打てるものなら打ってみやがれ」というのが、投球フォームに現れていた。

「内角に投げる時に〝ぶつけたらゴメンよ〟と思いながら投げている」と聞いたことがあるが、打者も気持ちで負けてしまうのだろう。

上原が引退後に何をやるのかも興味がある。引退会見で「プロ野球選手に対しては全員がプロなので、正直教えることはあまりないと思いますし、だったらアマチュアで自分が教えた選手たちがプロに入っていくという、そういう子たちを育てていきたいという気持ちは今でもありますね。（中略）そこまで強くではないですけど」と、くしくもイチローと同じようなセリフを口にしていた。

上原は1浪し大体大に進学しているが、これは体育の先生になろうと考えていたからだそうだ。そういう願望を持っているということは、いい指導者になる素質はある。

ここまでプロ野球選手を続けられた原動力を「負けたくないという気持ち、反骨心ですね。もうそれだけです。現役中はね。明日からどうなるか、わからないですけど」と話していた。確かに、野心が強いタイプに見える。選手で負けん気が強いのはいいが、指導者ではそういうわけにはいかない。

二軍で調整していた間も、手を抜くことなく朝から晩まで練習場にいて、若手の手本になっていたと聞く。これからいろいろなことを学んで、後輩に還元していってもらいたい。

ダルビッシュ有を平成ベストナインに選んだ理由

TBSテレビ『S☆1』の企画で「平成のベストナイン」を選ぶと、反響が大きくて驚いた。特に先発投手をダルビッシュ有（現カブス）にしたことは、意外だったと思われたようだ。

ダルビッシュが自身のツイッターで「野村監督に選んでもらえて、野球やってきて良かったと思えました。いつも誰も見ていない自分の細かい行動を本当によく見られていて、10個ぐらい目がありそうだなって思ってました（笑）。朝起きて見て本当に涙出ましたよ。野村監督ありがとうございます！自信にします！」と記していた。それを見たヤンキースの田中将大が「羨ましい」と返したとも聞いた。

あんなに喜んでくれるなんて、こちらのほうが光栄だし、選んだ甲斐があったというものだ。

60年以上もプロ野球の世界にいるので、知らず知らずのうちに、目が肥えているとは思うが、好き嫌いではなく、プロの目で実力を優先し、ダルビッシュが最も優れていると思った。メジャーリーグでも最多奪三振のタイトルを獲得している。

もちろん楽天時代の教え子である田中将大も選びたかったが、日本一の投手を選ぶとなると、マー君はその域には達していない。

マー君は何かが足りない気がする。何が足りないかと聞かれても答えにくいが、マー君よりもダルビッシュのほうがあらゆる面で上だと思う。

ダルビッシュはスピードがあり、変化球は何でも投げられて、コントロールもいいだけでなく、ピッチングとは何かというものを知っている。いわゆる投球術に長《た》けている。カウントを稼ぐ、捨てる。誘う、まとめる。1球1球に意味があり、投球を熟知していると感じる。

ここに、こういう球を投げればゴロになる。こういう球を投げればポップフライになるという、コツを知っている。

カウントと会話ができているかどうかも大きい。ボールカウントはノーボール・ノーストライクからフルカウントまで12種類あるが、それを頭に入れている投手はよくなる。

マー君は目の前の打者に集中し、全力で抑えにいくタイプ。ダルビッシュは次の打者、さらに次の打者のことまで考えているように思える。この打者を出しても、次の打者を仕留めればいい。そこまで視野を広く持てている気がする。

一球入魂というマー君の闘争心は素晴らしいが、エースというのはそれではダメだ。1球1球すべてが全力投球というのはプロではない。抜くところは抜く。ギアを入れるところは入れる。野球は団体競技なので、9人の打者のことを考えて攻めなければいけない。こういった状況判断ができるのが、いい投手の条件といえる。

私は楽天監督時代にダルビッシュと何度も対戦したが、日本ハムの1年目から、背が高く、腕が長く、いい球を投げると思っていた。すると、あっという間に日本のエースに成長した。

ダルビッシュとエンゼルスの大谷翔平を、日本ハムのコーチで指導した吉井理人が「大谷はダルビッシュに比べれば、まだまだピッチングが下手くそだ」と言っていたそうだ。大谷は160キロを超える真っ直ぐを投げるので凄いと思われるが、私も2人には大人と子供ぐらいの差があると思う。

楽天監督時代に、ダルビッシュと何度も対戦したが、手も足も出ないことが何度もあった。普通なら「何とかせぇ」と言いたくなるところだが、凡退して戻ってくる選手を見て「打てなくてもしょうがないよな」と思ったほどだ。

09年の仙台での試合で、ダルビッシュのスライダーが曲がりすぎて、楽天の鉄平に死球をぶつけたことがあった。するとダルビッシュは、鉄平が立ち上がって一塁に歩いていくのを待って、帽子を取って謝っていた。

翌日、私が担当記者に「ダルビッシュは偉いな」と話していたのを聞いたのだろう。「目が10個ぐらいある」と称してくれたのは、こういったことを指してくれていたようだ。

人間は、褒められて当然のことを褒められてもあまり感動しないが、小さなことを褒められると「こんなところまで見てくれていたんだ」と感動するものだ。

組織のリーダーは、視野を広く持ち、全体、そして細かいところまで目を配らなければいけない。小さなミスが取り返しのつかないことにつながることがある。小さなことの積み重ねがあるから、大きなことも達成できる。

ダルビッシュはグラウンド外の行動もしっかりしていて、マナーもいい。

楽天監督時代に札幌から飛行機で移動する時に、空港のラウンジで当時日本ハムのダルビッシュとバッタリ会ったことがある。向こうは電話をしていたが、私の姿を見つけると、わざわざ一度切って、あいさつにやってきたことがあった。まだ若かったのに、そういうところも、しっかりしていた。

田中将大が引退後に進むべき道

ヤンキースの田中将大は、メジャー6年目のシーズンを迎えている。5年連続2桁勝利をマークし、19年には6年間で日本人最多となる四度目の開幕投手を務めた。メジャー1の人気球団でしっかりローテーションを守り、今やすっかり遠い人になってしまった感じがする。

やはり楽天に入団してきた18歳のイメージが強いが、そのマー君も早いもので30歳になった。私は「30歳をすぎたら、引退後のことを考えろ」ということを言ってきた。

最近のビールのＣＭで、くしくも「あと何年野球ができるか、これから劇的に何か能力が上がるということではないと思うので」と話していた。

プロ野球選手の選手寿命は短い。いつまでもできるわけではない。一般の社会人なら、さあこれからという30代後半ぐらいに、野球選手は社会に放り出されてしまう。

マー君は人の上に立つタイプではないように見える。そういう資質をまだ感じない。野球選手としては一流だろうが、そこまでという気がする。引退後はどのような道へ進むのか、想像もつかない。

自分から野球を引いたら何が残るのか。それをよく考えれば、何も残らないとわかるはずだ。そうすれば謙虚にもなり、礼儀や社会常識を覚えようとするはずだ。引退してから、自分に何もないことに気がつくのではなく、将来どういう方向に進みたいのか、考えておかなければいけない。

私は30代に入ってから、引退後のことを考えて、誰にも負けない名解説者になってやると思い、優勝しなかった年に日本シリーズのゲスト解説を頼まれると張り切ったものだ。

マー君はどちらかというと天才肌。理論派というイメージはない。ビールのCMでは「ボロボロになるまでやりたいですね」と私と同じセリフを口にして、現役へのこだわりを見せていたが、将来、監督、コーチとして指導者の道へ進む器なのか。まだわからない。

「若い時の苦労は買ってでもしろ」という格言があるが、1年目から一軍で起用するなどちょっと甘やかしてしまったのではないかと、心配になることもあったが、立派なメジャーリーガーとして成長してくれているので今は安心している。

「イチローの恋人」との縁

オリックス時代に「イチローの恋人」と呼ばれていた人物がいた。オリックスの打撃投手だった奥村幸治で、イチローが年間210安打を打った1994年には打撃投手として毎日投げていたが、現役でプレーすることへの夢が諦められず退団。同年オフに宮崎県西都で行っていたヤクルトの秋季キャンプにテストを受けに来た。

しかし、残念ながら選手としてマウンドに立つには力が足りなかった。私自身もテスト生出身。こういう若者は何とかしてやりたい。

返球したボールを捕る時のグラブ捌《さば》きに目をつけ、「野手のほうがいいのではないか」と打者としてもテストを受けさせたが、打撃が非力で前に飛ばすのがやっと。当時は育成選手というシステムもなく、70人の選手枠に阻まれ、不合格にせざるを得なかった。

その後、奥村は阪神、西武で打撃投手となり、99年に宝塚で中学硬式野球チーム（のちの宝塚ボーイズ）を結成。その中の教え子の1人が、今ヤンキースで活躍している田中将大だ。

楽天は2006年のドラフトで、横浜、オリックス、日本ハムとの競合の末、島田亨球団社長がマー君を引き当てたが、当時は創設2年目のチーム。「そんなチームに行けません」と拒否されてもおかしくはなかった。

ところが奥村から楽天の打撃コーチだった池山隆寛に「お世話になります」とすぐに連絡が入り、池山は「来るのかよ」と驚いたそうだ。

奥村は池山と同じ兵庫の育ちで親交があったそうで、「テストの時に野村監督にお世話になったので、恩返しをしたい」と話していたそうだ。

私は「縁」という言葉を大切にしているが、そういう話を聞くとまさに世の中「縁」である。私がテストの時に冷たい対応をしていたら「あんな監督のいるチームはやめておいたほうがいい」などと根に持たれて、マー君は楽天に入団していなかったかもしれない。

私の持論を覆した大谷翔平

二刀流のエンゼルス・大谷翔平のことは、イチローも大いに期待しているようだ。引退会見では、こんな話をしている。

「物理的にも大きいわけですし、アメリカの選手とまったくサイズ的にも劣らない。しかも、あのサイズであの機敏な動きができるというのは、いないですからね。世界一の選手にならなきゃいけないですよ」

「投げることも打つこともやるのであれば、僕は1シーズンごとに投手、次のシーズンは打者として、サイヤング（賞）と本塁打王を獲ったら……。そんなことなんて、考えることすらできないですよ。でも、翔平はその想像をさせるじゃないですか。この時点で明らかに人とは違う選手だと思う。その二刀流は面白いと思うんですよね。（中略）投手として20勝するシーズンがあって、その翌年に50本打ってMVP獲ったら化け物ですよね。でも、それが想像できなくはないですからね」

18年に新人王を獲得したが、オフに右肘の腱の再建手術を受け、19年は打者に専念することになった。

開幕には間に合わなかったが、5月7日に「3番・DH」で復帰すると、6試合目となった14日のツインズ戦ではさっそく1号本塁打を放った。そして、6月14日のレイズ戦では日本人初のサイクル安打を達成し、世界中を驚かせた。

1年目は打率2割8分5厘で22本塁打。打席数は常時出場している選手の半分にもかかわらず、松井秀喜（03年ヤンキース）の16本塁打、城島健司（06年マリナーズ）の18本塁打を上回る日本人新人選手の最多記録だそうだ。

メジャーリーグであんなに打っているのは凄い。たいしたものだと思う。結果を残せたのは、イチローも指摘したとおり、何よりも体に恵まれている。

身長193センチと背の高さはメジャー級。野球の歴史上、足の長い打者は大成しないが、大谷は通用している。メジャーでも足の長い選手もたまにはいるが、強打者はいない。ベーブ・ルースも足は長くない。こんなところでも、私の持論を覆して見せた。

何事も重心が低いほうがいい。胴長短足が野球には向いている。そういう面で、私は野球に適していたのだろう。

漢字というのは、よくできている。腰は月《にくづき》に要。投手でも野手でも大事なのはすべて腰。字のとおり体の要で、一番大事だ。特に投手はランニングをする。足を鍛えるのではなく、ランニングによって鍛えられているのは腰だ。そういう意識でやらなければいけない。

大谷は、日本ハム時代は右足を上げて打っていたが、メジャーでは擦り足に変えている。足を上げて打つのは、イチローの振り子打法や、王貞治の一本足打法でも述べたが、軸足（大谷の場合は左足）にタメを作りたいから。今の大谷は足を上げないで、タメを作ることができているのだから、打撃は本物だ。

大谷とは二度ほど話をしたことがあるが、頭がよさそうだ。メジャー1年目のオープン戦で結果が出ずに、擦り足にしたのも「このままではメジャーの投手は打てない」と大きく打撃を変えたのだから、頭がいいのは間違いない。

足が長い選手は大成しないという話をしたが、そういう体型の人は腕も長い。内角を打てなければ強打者にはなれないが、腕が長いと近い球が捌《さば》けないから不利になる。

ところが大谷は内角を打つことも苦にしていない。上手く腕を畳んで対応している。構えも隙がなさそうに見える。構えというのは大事だ。隙がないような構えを見せなければいけない。悪いのは「ここは打てません」と教えているような構え方だ。メジャーリーグでは極端な大谷シフトが敷かれている。シフトを敷かれるというのは、強打者と認められた証拠だ。

内野手が右に寄り、三塁手が遊撃の位置。遊撃手が二塁ベース付近。二塁手が一、二塁間。一塁手が一塁ベース寄りで、一、二塁間に3人守っていることもある。

センター前に抜けたと思った打球が、遊撃手の真正面でアウトになるということが、何度もあったのを見た。

日本ハム時代にシフトを敷かれることはなかったようだが、メジャーリーグでは野球は確率のスポーツであると割り切っている。大谷の本塁打はセンターのバックスクリーンからやや左方向が多いようだが、三塁ゴロはほとんどないとデータを重視し、三塁を空けているのだろう。

私も南海の監督の時に、これと同じようなシフトを敷いたことがある。大谷と同じで守備が一塁側に寄る「王シフト」は有名だろう。王は引っ張り専門の打者だった。阪急（現オリックス）の右の強打者・長池徳二の時も敷いた。長池は二塁方向への打球がなかったので、打球の飛ばないところに守っていてもしょうがないと、三遊間に3人守らせたこともあった。

私もシフトを敷かれたことがあるが、誰も守っていない右方向へ打とうなどと考えると、打撃が崩れてしまう。これでは相手の思うツボだ。だから普段どおりの打撃を心掛けなければいけない。大谷のようにセンター前に抜けたと思った当たりがアウトになったら、諦めるしかない。

今季は打者に専念し、肘が万全になる来季は投手も再開。二刀流を復活させるそうだ。これまで私は二刀流に反対してきた。常識的に無理だからだ。「二兎追うものは一兎をも得ず」になるのを心配していた。

日本プロ野球80年の歴史どころか、110年を超えるメジャーリーグでも二刀流で大成功した選手はいない。10勝10本塁打を達成したベーブ・ルースでも、投手がダメになったので、打者に転向している。

メジャーリーグでプレーするどころか、二刀流まで認められてしまっているのだから、いずれにしろ私が現役の頃には考えられない話だ。

野茂、佐々木、岩隈……メジャーリーグで通用する投手の条件とは

私の現役時代にメジャーリーグは遠い遠い世界だった。今は近い。みんなメジャーリーグを目指すようになった。高校生やアマチュアの選手で、日本のプロ野球には入らず、直接アメリカのチームと契約する選手までいる。

みんな「憧れ」を口にするが、それればかりではないと思う。メジャーで日本と同じぐらいの成績を残せば、10億円、20億円をもらうことができる。カネに魅力を感じている選手も多いはずだ。今後もメジャーを目指す傾向は止まらないだろう。

メジャーリーグで通用する投手には共通点がある。

メジャーリーグの落ちる球はチェンジアップが主流で、フォークボールを投げる投手はほとんどいない。指でボールを挟んで投げるため、肘に負担がかかり壊すという思い込みからだそうだ。

しかし日本ではほとんどの投手が投げるのに、フォークの投げすぎで肘を壊したという話は聞いたことがない。メジャーリーガーは手も大きいし、指も長いのだから、フォークボールは一番投げやすいはずで、なぜ投げようとしないのか不思議で仕方がない。

メジャーリーグで通用している日本人は、フォークボールを得意としている投手が多い。パイオニアの野茂英雄（元ドジャースなど）、大魔神の佐々木主浩（元マリナーズ）、上原浩治（元レッドソックスなど）、岩隈久志（元マリナーズ）、ヤンキースの田中将大、ダイヤモンドバックスの中継ぎで活躍している平野佳寿も、フォークボールを決め球にしている。打者はフォークボールに慣れていないから、対応することができないようだ。

佐々木はフォークボールでもスライダー回転させたり、シュート回転させてシンカーのようにしたりして、投げ分けていた。そんな球を投げるのは佐々木が初めてで、見たことがなかった。

ヤクルトや阪神の監督の時は、何とかクセや傾向を見つけようと必死になって探したが見つからなかった。抑えで1イニングしか投げないし、なかなか難しい。

打者が嫌がる球種を1つ以上持っていることが最低条件。そしてコントロールだ。大魔神は落差の大きいフォークボールが目立つが、外角低めに投げる原点能力が抜群だった。岩隈も同じで、この2つがあればメジャーでも通用する。

以前のメジャーリーグは、ストライクゾーンが外角にボール2つ分ぐらい広かった。現在はだいぶ日本に近くなったが、それでもまだ多少甘い。

そしてメジャーでは、ホームベースから離れて立つ打者が多い。手が長いから外角にも手が届くし、内角を捌《さば》きにくくなるために離れて立っているのかもしれない。理由は定かではないが、いずれにしても原点能力が高い投手は日本以上に有利になる。

フォークボールといえば、元祖は中日の杉下茂さんだ。1961年に大毎(現ロッテ)でプレーした時に私も対戦したことがあるが、その時はもう晩年で力が落ちていた。

杉下さんは、今でも背は高いが、あの時代としては飛び抜けて大きく、マウンドの姿に圧倒された。全盛期だったら手も足も出なかったに違いない。

本人に聞いたことがあるが、ボールを指に挟んで遊んで投げていて、面白い変化をするので試合で使ったのが最初だという。「こんなことになるとは思っていなかった」と話していた。

ヤクルト時代に二度の日本一に貢献してくれた吉井理人(現ロッテ一軍投手コーチ)は、メッツなど3球団で5年間プレーし32勝47敗。スピードは140キロ前半だが、コントロールがよく、近鉄時代に野茂から教わったフォークボールも威力を発揮した。

日本では平均的なローテーション投手だったが、そういった投手でも2つの武器を持っていれば通用する。その代表例といえる。

岩隈は私の理論が間違っていないことを、メジャーリーグで証明してくれた。楽天時代のミーティングで、ストライクゾーンを5×5。さらにボールゾーンを内角と外角、低めと高めに2マスずつ広げ、ゾーンを9×9。計81マスにしたチャート表を作り、打者対策を練っていた。

抜群のコントロールで、ストライクからボールになる変化球で誘う低めや外角の「ゴロゾーン」、内角高めの「空振りゾーン」、内角でファウルを取る「稼ぐゾーン」を駆使。最低5球を要して打ち取る投球術で、マリナーズの6年間で63勝39敗2セーブと安定した成績を残し、2015年8月12日のオリオールズ戦ではノーヒットノーランを達成した。

恥をかいて帰ってきた投手の共通点

メジャーリーグに移籍し、活躍できずに帰ってきた投手も多い。阪神時代の教え子だった井川慶、藤川球児。楽天でプレーしていた福盛和男は通用せず、日本に帰ってきた。メジャーリーグに憧れるのはいいが、己を知れと言ってやりたい。

私が「恥をかいて帰ってくるなよ」と送り出した選手は、いずれも結果を残せなかった。

メジャーリーグで通用するタイプは先述したが、当たり前の話で通用しない投手はそれができない。特にコントロールが悪い投手は致命的だ。

井川は07年に5年20億円という大型契約でヤンキースに入団したが、1年目に2勝を挙げただけで、2年目はわずか2試合。3年目以降はメジャーに上がれなかった。

コントロールがよくないうえに、勝負球はチェンジアップで、フォークボールは投げられなかった。140キロそこその真っ直ぐでは、メジャーではヒョロヒョロ球だった。

藤川も日本では〝火の玉ストレート〟と称された150キロを超える真っ直ぐを武器に球威で抑えてきたが、日本では通用してもメジャーリーグの打者には弾き返されてしまう。原点にしっかり投げられるようなコントロールもないため通用せず、すぐに肘をケガして3年で日本に戻ってきた。

福盛に至っては論外。楽天で抑えを任せていたが、それは他にいなかったから。日本でも相手が嫌がるような、手も足も出ないようなストッパーでなければ、メジャーリーグで抑えられるわけがない。

07年オフに私の残留要請を振り切って、FAで出ていったこともあり「福盛が通用するようならメジャーも終わり。泣いて帰ってくるなよ」と嫌みを言ったが、1年目はわずか4試合の出場。メジャーどころか、3Aでも38試合に投げ1勝6敗、防御率5・48と通用しなかった。

2年目となった09年の6月にレンジャーズを解雇。すると仙台での試合後に突然私の前に現れ「楽天で野球がやりたいんです」と涙ながらに謝罪し、復帰を直談判された。

こうなると私は情にもろい。もちろん説教したが、私は復帰を許してしまった。

コントロールのよさで通用した村上雅則

日本人メジャーリーガー第1号のマッシーこと村上雅則は、1964年に南海からサンフランシスコ・ジャイアンツの1Aフレズノに野球留学したが、好投を続け2A、3Aを飛び越えて、何とメジャーに昇格した。2年目の65年には4勝1敗8セーブの好成績を挙げている。

南海からは3選手が派遣されたが、他は右投手と捕手。村上は左投手で、日本では上から投げていたが、アメリカでは腕を下げてサイド気味に投げ、ワンポイントリリーフとして起用されたのも大きかった。

ジャイアンツはニューヨークから西海岸のサンフランシスコに移転して7年目。球場に日系人を呼ぼうという球団の戦略もあったようだ。

しかしスピードは130キロそこそこ。低めに球を集めて、シンカーで誘って打ち取るスタイルだった。

私は村上とバッテリーを組んでいたが、サインを出しては「見逃してくれ」、「打ち損じてくれ」とひたすら神頼み。それほどヒョロヒョロ球だった。

村上は、野茂英雄や佐々木主浩のような鋭いフォークボールがあるわけでもなく、ダルビッシュ有や田中将大のように相手をねじ伏せるようなタイプでもなかったが、コントロールのいい投手が通用するのは日本もメジャーも同じようだ。

メジャーリーグ帰りの野手は経験を後輩に伝える義務がある

メジャーリーグでプレーしていた野手は、残念なことにあまり指導者になっていないイメージがある。

前述したように、松井秀喜は引退後、ヤンキースのマイナーリーグでアドバイザー的な役割を行い、日本球界とは距離を置いている。

メッツでプレーしていた新庄剛志は、日本ハムで2006年に引退後、バリ島で生活しているそうだが、いったい何をしているのか。引退してから13年も経つが、ヒマでしょうがないのではないかと思ってしまう。

表4：メジャーリーグでプレーした野手　＊メジャーデビュー年順

選手名	球団	ポジション	現在、備考
イチロー	マリナーズ	外野手	マリナーズ会長付特別補佐兼インストラクター
新庄剛志	メッツ	外野手	バリ島へ移住
田口 壮	カブス	外野手	オリックス一軍野手総合兼打撃コーチ
松井秀喜	レイズ	外野手	ヤンキースGM特別アドバイザー
松井稼頭央	アストロズ	内野手	西武二軍監督
井口資仁	フィリーズ	内野手	ロッテ一軍監督
中村紀洋	ドジャース	内野手	浜松開誠館高非常勤コーチ
城島健司	マリナーズ	捕手	釣り番組などに出演
岩村明憲	アスレチックス	内野手	BCリーグ福島監督兼球団代表
福留孝介	ホワイトソックス	外野手	阪神選手
西岡 剛	ツインズ	内野手	BCリーグ栃木選手
青木宣親	メッツ	外野手	ヤクルト選手
川﨑宗則	カブス	内野手	
田中賢介	ジャイアンツ	内野手	日本ハム選手

＊球団名はメジャー最終所属球団。中島裕之（現宏之）はメジャー契約したものの出場なし

マリナーズで日本人としてメジャーリーグで唯一捕手としてプレーした城島健司は、地元の佐世保を拠点に、釣り番組やゴルフ番組などに出演。これでは遊んでいるとみられても仕方ない。

阪神時代に36歳の若さで引退したのは7年も前のこと。表舞台にはあまり出てきていない。17年に古巣のソフトバンクからキャンプの臨時コーチを要請されたが、拒否したとも報じられた。

今のプロ野球には名捕手がいない。ソフトバンクの甲斐拓也や、

西武の森友哉ら若い捕手が出てきたが、名捕手となるとまだまだ。城島は誰もしたことのない経験をしているのだから、それを後輩に伝えていく義務がある。ユニフォームを着ない理由はわからないが、何とももったいない話だ。

ホワイトソックスで世界一になった井口資仁は、ロッテで元メジャーリーガーとして監督第1号になった。カージナルスで二度、フィリーズでも世界一を経験した田口壮はオリックスの野手総合コーチ。ロッキーズでワールドシリーズに出場した松井稼頭央は西武の二軍監督。いずれも日本球界でプレーしたあと、後進の指導に当たっている。

日本とは違う練習方法や指導法、戦術など、アメリカでプレーした指導者ならではのものが必ずあるはず。それをドンドン取り入れて、日本のレベルを上げていってもらいたい。

英語を覚えた菊池雄星には感心する

19年は西武の菊池雄星がマリナーズに移籍した。好投しながらも勝ち星がつかず、

6戦目でようやくメジャー初勝利を挙げた。5月を終え、3勝3敗と思うように勝ち星は伸びていないが、奮闘している。

岩手の花巻東高の時から、メジャーリーガーになることを夢見ていて、日本のプロ野球を経ず、直接メジャーリーグに挑もうとしていたが、周囲の反対もあって断念。西武で9年間プレーし、日本一の左腕となって海を渡った。

菊池が他の選手と違うのは、英語を覚えてからメジャーリーグに行ったこと。私もニュースで会見を見たが、これはたいしたものだと感心した。

何年も前から、将来メジャーリーグでプレーすることを夢見て「メジャーの一流選手と、直接話をしてみたい」と英会話学校に通っていたそうだ。私に同じことをやれと言われても、できないと思う。

こんな選手は他にいない。19年になってカブスのダルビッシュ有が、英語で地元の記者の取材に応えていた場面を見たが、もうメジャーで8年もプレーしている。

ヤンキースの田中将大は、相手の話を聞くのは問題なく理解しているそうだが、同僚などを相手に英語を話している場面は、あまりないそうだ。

個人的な感想だが、英語を話している日本人はキザなタイプが多い。「俺は英語が話せるんだ」と自慢しているようで鼻につくが、菊池は会見で英語を話しながら、一生懸命相手に伝えようという姿勢が伝わってきて、好感が持てた。

イチローが「短い時間でしたけど、凄くいい子で。こんないい子はいるのかなという感じですよ」と話していたが、実際に誰もが菊池は好青年だと口を揃える。

西武の辻発彦監督が「気になるのは神経質なところ。1年に何度もフォームを変えるほど」と明かしていたが、あれだけの球を持っているのだから、細かいことは気にせずに、夢のメジャーリーグに挑んでいってもらいたい。

おわりに

イチローが引退したあと、テレビ、ラジオ、新聞、雑誌など、取材が多かった。イチローとほとんど接点がない私に依頼が来るということは、それほどの国民的関心事であったということだ。

そんなイチローの功罪を書いてきたが、一方で令和のプロ野球はどうなっていくのか心配になる。

平成に入り、メジャーリーグと日本のプロ野球の差は縮まっていった。メジャーリーグのレベルが下がり、日本のレベルが上がった。イチローはいい時期に選手生活を送れたと思う。

2006年に第1回のワールド・ベースボール・クラシック（WBC）が開催され、日本が初代王者に輝き、09年の第2回も連覇。イチローらメジャーリーガーの参加もあり、日本野球のレベルの高さを世界に見せつけた。

私は、この年限りで楽天の監督を退任。この頃までは日本野球のレベルは高かった。

WBCは13年の第3回、18年の第4回はともに準決勝で敗退。両大会ともイチローの姿はなかった。メジャーリーガーもほとんど出場しなかったとはいえ、ベスト4止まりだったのは、日本野球のレベル低下と無関係ではないように感じる。平成の終わりに入り、再びメジャーリーグとの差が広がっている感がある。

WBCは開幕前の3月に開催され、シーズンに向けての大事な時期であることからメジャーリーガーの出場辞退も目立ち、ベストメンバーを組める国のほうが少ない。

20年の東京オリンピックは、1回限りで野球の復活が決まったが、参加はたった6カ国だけ。すでにメジャーリーガーは参加しないことが決まっており、これでは真の世界一決定戦とは言い難い。

以前から思っているが、メジャーリーグの頂点を決める「ワールドシリーズ」という呼び方はおかしい。あれは「アメリカシリーズ」でしかない。令和のうちに、メジャーリーグの王者と日本シリーズ覇者が戦う、真のワールドシリーズを実現してもらいたい。オールジャパンを結成し、メジャーリーグのナ・リーグかア・リーグのどこかの地区に入り、1年間戦ったらどうなるか。日本流の野球をやっていけば、勝てると思う。

私が生きているうちには不可能だろうが、そんなことが本当に実現するようなことがあったら、ぜひ指揮を執ってみたい。メジャーリーグではフィラデルフィア・アスレチックス（現オークランド・アスレチックス）のコニー・マック監督の87歳が最高齢監督だそうだ。そういう話を聞くと元気になる。

令和もいきなり、ぼやきからのスタートになってしまったが、野球への情熱はいささかも衰えることはない。ぼやかないようになったら、いよいよお迎えが近くなったサインといえる。もちろん監督の要請がくれば、喜んで引き受ける。ぜひ最高齢監督を更新してみたい。

2019年7月吉日

野村克也

野村克也（のむら・かつや）
1935年、京都府生まれ。54年に京都府立峰山高校を卒業後、南海ホークス（現福岡ソフトバンクホークス）へテスト生として入団。3年目に正捕手に定着し、4年目に初めて本塁打王のタイトルを獲得。65年に戦後初の三冠王になったのをはじめ、MVP5回、首位打者1回、本塁打王9回、打点王7回、ベストナイン19回、ダイヤモンドグラブ賞1回などタイトルを多数獲得。70年からは選手兼任監督となる。その後、「生涯一捕手」を宣言し、ロッテオリオンズ、西武ライオンズに移籍。80年に45歳で現役を引退、解説者となる。89年に野球殿堂入り。90年にヤクルトスワローズの監督に就任し、4度のリーグ優勝、3度の日本一に導く。99年から3年間、阪神タイガースの監督、2002年から社会人野球のシダックス監督、06年から東北楽天ゴールデンイーグルスの監督を歴任。10年に再び解説者となり、現在多方面で活躍中。おもな著書に『阪神タイガース 暗黒時代再び』『読売巨人軍 黄金時代再び』『野村克也の「菜根譚」』『嫌われ者の流儀　組織改革と再生（竹中平蔵と共著）』『阪神タイガースの黄金時代が永遠に来ない理由』『セ界恐慌　プロ野球の危機を招いた巨人と阪神の過ち』『由伸・巨人と金本・阪神　崩壊の内幕』『野村克也100の言葉』『巨人軍 非常事態宣言』『巨人・阪神 失敗の本質』『野村克也が選ぶ 平成プロ野球 伝説の名勝負』（いずれも宝島社）など多数。

●staff
帯デザイン=池上幸一
帯&本文撮影=伊藤 幹
本文DTP=山本秀一+深雪（G-clef）
校正=福島恵一
編集協力=（株）ノムラ

※本書に掲載のデータは、本文の一部を除き、2019年6月20日現在のものです

宝島社新書

イチローの功と罪
(いちろーのこうとざい)

2019年7月24日　第1刷発行

著　者　野村克也
発行人　蓮見清一
発行所　株式会社　宝島社
〒102-8388 東京都千代田区一番町25番地
電話：営業　03(3234)4621
編集　03(3239)0646
https://tkj.jp
印刷・製本　中央精版印刷株式会社

ISBN 978-4-8002-9563-7